고구려의 혼 고선지

김영현 장편동화

고구려의 혼 고선지

김영현 글 | 허태준 그림

웅진주니어

작가의 말

비단길과 고선지 장군

여러분은 아마 '비단길'이라는 이름이 붙어 있는 '실크로드'에 대해 들은 적이 있을 것입니다. 비단길……. 얼마나 아름다운 이름입니까? 나도 어릴 때 그 이름을 듣고 아, 이렇게도 아름다운 이름을 가진 길이 또 있을까 하고 생각했던 적이 있습니다. 비단길…… 실크로드…… 나는 그 이름 위에다 마음껏 상상의 날개를 펴 보곤 했습니다.

낙타가 있고, 야자수가 늘어선 오아시스가 있고, 때로는 불새와 같은 전설적인 새가 살고 있는 그런 길 말이에요. 그리고 언젠가 내게도 그 길을 갈 수 있는 행운이 찾아오길 기다렸습니다.

많은 세월이 흐른 후 내게 뜻밖에 그런 행운이 찾아왔습니다. 그것도 두 번씩이나요. 어린 시절 책을 보며 꿈꾸어 왔던 내겐 참으로 설레는 여행이었습니다.

그러나 가도 가도 뜨거운 사막과 지평선이 펼쳐진 사막길은 어린 시절 내가 꿈꾸었던 비단길과는 전혀 달랐습니다. 정말 비단과는 거리가 먼 길이었죠. 먼 옛날 이 길을 통해 아랍의 상인들이 중국의 비단을 서양으로 나르고 그 대신 서양의 진귀한 물건을 날랐던 까닭에 그런 이름이 붙어 있을 뿐이었습니다.

그럼에도 불구하고 이 여행길은 내게 무척 많은 감동을 주었습니다.

밤하늘에 빛나던 사막의 별들…… 그리고 지금은 사라져 버린 누란 왕국의 전설…….

그런데 그 여행길에서 정말 뜻하지 않은 사람을 하나 만나게 되었습니다. 이미 천 년 전에 살았던 사람이었어요. 그 사람을 발견한 것은 내게 무척 커다란 흥미와 흥분을 불러일으켰습니다.

누구냐고요? 바로 이 책에서 이야기하고자 하는 고선지 장군입니다.

고구려가 망하고 나서 아버지를 따라 실크로드의 중심에 있는 '안시' 라는 사막의 도시에서 자라난 고선지는 마침내 당나라의 장군이 되어 세계의 지붕이라는 파미르 고원을 넘어 사라센 제국을 정벌했던 전설적인 장군입니다.

어린 시절부터 '고구려 놈' 이라고 놀림을 받으며 자랐던 고선지 장군…….

그의 이 파미르 원정을 두고 서양의 학자 중에는 나폴레옹의 알프스 원정보다 더 위대한 원정이라고 평하는 사람도 있습니다.

그러나 그는 저 유명한 당 현종과 양귀비 시절 안록산의 난을 평정하러 갔다가 당나라 출신의 부하 장군에게 모함을 당하여 마침내 사막 한가운데서 목을 베여 죽고 말았습니다. 먼 동쪽 조국의 하늘을 바라보며 말이에요.

이 슬프고도 아름다운 이야기는 실크로드 여행 내내 내 가슴속에서 떠나지 않았습니다. 그리고 언젠가는 이 사막과 고선지 장군의 이야기를 우리 어린이들에게, 그리고 어른들에게도 꼭 들려주어야겠다는 생각이 들었습니다.

이렇게 하여 이 책이 쓰였습니다.

나는 또 이 책에서 고선지 장군 이야기뿐만 아니라 문득 어디론가 떠나가고 싶었던 그 동경심 많았던 어린 시절의 이야기도 담았습니다. 그 이야기가 없이는 고선지 장군의 이야기도 할 수가 없었을 것이기 때문입니다.

끝으로 이 책의 탄생을 위해 애써 주신 분들께 깊은 감사를 드립니다.

김영현

차 례

작가의 말 : 비단길과 고선지 장군

1. 저 어딘가에 내 별 하나 ································· 10
   병아리가 알을 깨고 나오듯 · 10
   세상과의 첫 대면 — 합판 공장의 굴뚝 · 13
   또 한 번의 가출 — 분황사의 별 · 23

2. 사막으로 향한 꿈 ······································· 33
   사막을 다녀온 어느 시인의 이야기 · 33
   마침내 찾아온 기회 — 고선지 장군의 유적을 찾아서 · 41

3. 실크로드를 따라서 ····································· 48
   시안에서 · 48
   시안의 유적지들 · 51
      진시황의 지하 병마용 · 51
      양귀비의 숨결이 어린 후아칭즈 · 61
      손오공과 현장 법사 · 67

4. 서역 진출 통로, 허시후이랑 ························· 74
   고선지 장군의 꿈 · 74
   드디어 나타난 설산과 사막 · 82
   사막 속으로 사라져 버린 전설의 왕국, 누란 · 87
   다시 살아난 전설 · 99

5. 만리장성의 끝, 자위 관 ················· 102

6. 나의 아버지, 그리고 아버지의 수염 ········· 111

7. 사막의 푸른 섬, 둔황 ················· 119
   모가오 굴의 신비 · 119
   밍사 산에서 — 사막의 밤과 별 · 126

8. 투루판의 후오이옌 산과 카오창 고성 ······· 136

9. 톈산 산맥과 천리마 ·················· 151
   천리마를 타고 다니던 고선지 장군 · 151

10. 고선지 장군이 어린 시절을 보냈던 쿠처 ······ 159

11. 마침내 도착한 파미르 고원 ············· 171

12. 사막의 별이 된 고구려의 혼 ············ 181
    동서 문명의 대충돌 탈라스 전투 · 181
    마침내 별이 되다 · 187

13. 대륙으로 향한 꿈 ·················· 194

1. 저 어딘가에 내 별 하나

병아리가 알을 깨고 나오듯

　사람은 누구나 자기가 살아가고 있는 세상의 바깥에 또 다른 세상이 있지 않을까 하고 생각하게 마련입니다. 역사 속의 수많은 탐험가나 모험가들은 바로 그 또 다른 세상을 찾아나선 사람들입니다.

　지구가 네모 모양으로 생겨서 그 끝에는 낭떠러지가 있다고 믿었던 시절에 바다로, 바다로 나아가 마침내 신대륙을 발견한 콜럼버스나 처음으로 남극을 탐험한 아문센, 그리고 에베레스트의 설봉들을 정복하기 위해 악천후와 맞서 싸웠던 수많은 산악인들도 바로 그런 사람들일 것입니다.

　우리가 매일매일 살아가는 이 세상의 바깥에 또 다른 세상이 있다고 생각하면 우리의 가슴은 얼마나 설렐까요? 여기 달걀이 하나 있다고 합시다. 그 속에서 병아리가 자라고 있습니다. 그 병아리는 알 속이 세상의 전부라고 알고 있을 것입니다. 어쩌면 알 속은 병아리에게 세상의 그 어느 곳보다 안전하고 편안하게 여겨질지도 모릅니다. 그러나 몸이 자라고 부화할 때가 되면 병아리는 마침내 알을 깨고 나오지 않을 수 없게 됩니다. 더 이상 비좁은 알 속에서는 살 수가 없기 때문이죠.

처음 알 밖의 세상으로 나온 병아리의 마음은 아마 두려움과 불안으로 가득 차 있을지도 모릅니다. 그러나 그 병아리는 곧 바깥 세상이 지금까지 자기가 살아왔던 알 속의 세상과는 비교할 수가 없을 정도로 아름답고 신기한 것으로 가득 차 있다는 것을 깨닫게 될 것입니다.

우리가 살고 있는 세상도 어쩌면 그 병아리가 살고 있는 알 속과 같을지도 모릅니다. 부모님과 형제 자매들이 있고, 친구와 친척들이 있고, 낯익은 문방구와 낯익은 길, 낯익은 슈퍼와 낯익은 이웃이 있는 그런 세계지요. 물론 지금 생각해도 이 세계만큼 정답고 편안한 세계가 또 다른 곳에 있을 것 같지는 않습니다만…….

하지만 나이가 들고 더욱 큰 세상을 꿈꾸기 시작할 때쯤이면 자기가 지금까지 살아온 세상이 어쩐지 작아 보이고 갑갑해 보이기 시작합니다. 그리고 무지개 마을 너머에 있는 먼 나라를 마음속에 그려 보게 마련입니다. 그들 중에 용기 있는 사람들은 나중에 어른이 되어 실제로 모험과 탐험의 길을 떠나기도 합니다.

　이 글을 쓰고 있는 '나' 역시 어린 시절 저 먼 곳에 있는 세상을 그리워하며 늘 마음속으로 꿈을 꾸어 왔던 사람 가운데 하나입니다. 그런 까닭으로 마침내 어른이 되어 우리나라의 여기저기는 물론이고 지구의 이곳저곳을 떠돌아다니게 되었습니다. 그래서 사람들은 언제부턴가 나에게 '떠돌이별'이라는 별명을 붙여 주었답니다. 떠돌이별이란 알다시피 한 곳에 가만히 자리 잡고 있는 별이 아니라 우주의 어딘가로 정처 없이 빙빙 떠돌아다니는 그런 별을 일컫는 말이잖아요?

　어쨌든 나는 자라면서 세상의 여기저기 많은 곳을 떠돌아다녔습니다. 그런데 그중에서 가장 기억에 남는 여행 하나가 바로 '비단길'이라 불리는 길을 따라간 여행입니다. 물론 흥미진진한 이야기와 전설과 모험으로 가득 차 있는 여행길이지요.

　자, 이제 본격적인 이야기로 들어가기 전에 재미있는 이야기부터 하나 해 드릴까 해요.

　어린 시절, 무턱대고 집을 나갔다가 낭패를 당했던 사건에 관한 이야기입니다. 유식한 말로 가출이란 건데 내가 왜 이 이야기부터 하느냐 하면 혹시 여러분 중에도 나처럼 무작정 바깥 세상으로 나가 보려고 하는 친구가 있을지도 모르기 때문입니다. 하지만 조심해야 돼요! 세상은 아름답고 신기한 것으로 가득 차 있지만 또 위험한 일도 수두룩하니까요.

세상과의 첫 대면 – 합판 공장의 굴뚝

어렸을 적, 나와 우리 가족 그러니까 아버지와 어머니 그리고 나보다 열 살이 더 많은 우리 형은 부산의 어느 변두리에 살고 있었습니다. 지금은 아파트를 비롯한 빌딩들이 가득 들어차 있지만, 당시에는 판잣집들이 늘어서 있었습니다.

우리 아버지는 시골 한의사였는데, 돈을 벌기 위해 부산으로 내려가 남의 한의원에 고용되어 있었습니다. 어머니는 시장에 나가셨고요. 형은 워낙 싸돌아다니는 성격이라 학교에 다녀와서도 친구 집으로 놀러 가고 집에 잘 붙어 있지 않았습니다. 하긴 나하고 열 살이나 차이가 났으니까 같이 놀기엔 좀 재미가 없었을 것입니다. 그때 내 나이가 초등학교 들어가기 직전이었으니까, 아마 여섯 살이나 일곱 살쯤 되었을 거예요.

아버지와 어머니, 그리고 형마저 집을 나가고 나면 나는 하루 종일 마당가에서 혼자 놀 수밖에 없었습니다.

아버지는 집을 나가시면서 내 머리를 만지며 말씀하십니다.

"얘, 현아, 집 잘 보고 있어야 한다. 절대로 혼자 밖에 나가면 안 돼. 알겠지?"

이어서 어머니가 집을 나가시며 또 걱정스러운 표정으로 말씀하십니다.

"얘, 현아, 집 잘 보고 있어야 한다. 절대로 혼자 대문 밖으로 나가면 안 된다. 우리 착한 현이, 엄마가 나중에 맛있는 거 사 가지고 올게. 알겠지?"

그리고 마지막으로 형이 나가면서 괜히 군밤을 한 대 먹이며 말합니다.

"인마, 집 잘 보고 있어. 절대 문 열고 밖으로 나가면 안 돼. 아이 잡아가는 강도들이 득실거리니까. 널 잡아다가 문둥이 마을에 팔아먹을 거야."

형이 그렇게 겁을 주지 않았어도 나는 혼자 집 밖으로 나가 볼 엄두를 내지 못했을 것입니다. 비록 변두리이기는 했지만 그동안 자랐던 시골과는 비교가 되지 않을 정도로 번잡한 도회지의 길거리로 나 혼자 나간다는 것은 생각할 수도 없었으니까요.

요즘이야 텔레비전도 있고 하여 시골 아이나 도시 아이나 다를 바가 없게 되었지만, 그때만 해도 시골 아이들은 도시라는 말만 들어도 한편으로는 주눅이 들고 또 한편으로는 도시 아이들을 부러워할 정도로 순진했을 때였습니다.

그렇게 아버지, 어머니, 형이 나가고 나면 나는 혼자 마당가에서 구슬치기도 하고 딱지치기도 하며 놀았습니다. 화단의 개미들도 친구가 되어 주었습니다. 심심하긴 했지만 어쩔 수가 없었죠. 우리 집 뒷마당에 돼지우리가 있고, 그 속에 커다란 돼지가 두 마리 있어, 정 심심하면 그곳으로 가서 돼지들을 구경하며 시간을 보내기도 했습니다. 돼지들은 내가 가까이 갈 때마다 꽥꽥거리며 요란하게 소리를 지르곤 했습니다. 아마 녀석들도 좀 심심했거나 내가 먹이를 줄 거라고 생각했는지도 모릅니다.

어쨌든 나는 늘 집 안에서 지낼 수밖에 없었습니다. 그러나 아버지, 어머니, 형이 매일매일 나가시며 당부하던 말, 즉 절대로 나가지 말라고 하던 그 바깥 세상이 궁금하여 견딜 수가 없었습니다.

대문 밖에는 과연 어떤 세상이 있을까?

어떤 사람들이 살고 있을까?

나는 나무 대문에 얼굴을 붙이고서 문틈으로 밖을 내다보았습니다. 사람들이 다니고, 자전거가 지나가는 게 보였습니다. 그런 것만으로도 나의 가슴을 설레게 하는 데 충분하였습니다. 왜냐하면 비록 시골에서도 가끔 보긴 했지만 그렇게 멋있는 자전거와 많은 사람이 지나가는 걸 본 적이 없었기 때문입니다. 그리고 멀리 하늘 높이 솟아 연기를 내뿜고 있는 합판 공장의 굴뚝도 내게는 마치 동화 속의 세계처럼 신기하고 낯설게 보였습니다.

화단의 개미나 뒷마당의 돼지들과 노는 것도 점점 따분해지고 시시해져 갔습니다. 그 대신 맷돌 위에 멍하니 앉아 멀리 합판 공장의 굴뚝을 바라보는 시간이 많아졌습니다. 높다란 굴뚝에서 솟아나는 연기는 푸른 하늘로 퍼져 멀리멀리 사라졌습니다.

나는 정말 아버지와 어머니 그리고 형의 말대로 절대로 대문 밖으로 나가지 않고 몇 달을 보냈습니다. 그러나 내 속에서는 나도 모르게 합판 공장의 굴뚝 연기처럼 바깥 세상에 대한 무궁무진한 동경심이 자라나 멀리멀리 퍼져 나가고 있었습니다.

그리고 마침내 그 기다리고 기다리던 기회가 왔습니다.

어느 초여름 날의 저녁 무렵이었습니다. 오래간만에 우리 가족들이 모두 일찍 들어온 탓에 함께 저녁을 먹게 되었습니다.

어머니는 부엌에서 저녁을 지으시는 한편, 마당에 화덕을 내어놓고 고등어를 굽고 있었습니다. 화덕이란, 요즘에 쓰이는 것으로 치자면 산에 가져가는 가스레인지 같은 것인데 예전에는 아궁이 불이 모자라면 숯으로 그렇게 간단하게 불을 지펴서 음식을 장만하곤 했지요. 생선처럼 구울 때 연기가 나는 것은 그렇게 화덕을 마당에다 내어놓고 구우면 아주 편했어요.

고등어 굽는 고소한 냄새가 마당 가득히 퍼져 나갔습니다. 그때 어머니가 나를 부르시더니 고등어가 구워질 때까지 지켜보라고 시켰습니다. 그야 아주 간단한 일이었어요. 생선이 잘 구워지도록 석쇠 손잡이를 잡고 앞뒤로 가끔씩 돌리기만 하면 되는 일이었거든요.

생선 굽는 고소한 냄새와 연기가 마당에서 지붕 위로 퍼지며 날아갔습니다. 나는 연기가 눈에 들어가는 바람에 허리를 펴고 지붕 위를 바라보았습니다. 그곳에 마침 그 합판 공장의 굴뚝이 지붕 위로 멀리 보였어요.

저물 녘의 초여름 하늘로 멀리 바라보이는 합판 공장의 굴뚝은 마치 하늘나라로 올라가는 사다리처럼 보였습니다. 그 사다리 끝에서는 흰 연기가 뭉게뭉게 피어오르고 있었습니다.

나의 가슴은 거침없이 뛰기 시작했습니다.

고등어가 다 구워진 것을 확인한 다음, 나도 모르게 발길이 대문 쪽으로 향하기 시작했습니다. 마치 무언가에 홀린 기분이라고나 할까요?

대문은 열려 있었습니다. 나는 조금만 밖으로 나갔다가 얼른 다시 돌아오면 되리라 생각했습니다. 고등어가 다 구워져도 저녁을 먹으려면 아직 시간이 조금 남아 있을 것이기 때문입니다. 드디어 나는 혼자서 그 '절대로' 나가지 말라는 대문 밖 세상으로 첫발을 내디뎠던 것입니다.

대문을 나서자 곧 이어 골목이 나왔습니다.

어두컴컴한 골목이었습니다. 골목 양옆으로 판자 담이 이어져 있고, 그 판자 담 틈 사이로 불빛이 흘러나오고 있었습니다. 판자 담 너머로는 마악 피어나기 시작한 빨간 덩굴장미들이 화환처럼 장식되어 있었습니다. 생전 처음 나 혼자 나와 본 세상이 좀 무섭고 떨리긴 했지만, 나는 조심조심 그 골목 끝까지 가 보기로 결심했습니다.

가면서 골목에 서 있는 전봇대나 쓰레기통의 모양을 잘 보아 두었습니다. 되돌아올 때 지나간 길을 기억해 두기 위해서였습니다.

마침내 골목 끝에 이르자 큰길이 나타났습니다. 버스와 택시, 트럭, 지프 같은 게 쏜살같이 지나갔습니다. 그렇게 많은 자동차들이 쏜살같이 달려가는 것은 처음 보았습니다. 그리고 높은 건물에는 휘황찬란한 전등불이 켜져 있었고, 길거리의 가로등에도 바야흐로 불이 들어오기 시작했습니다. 아직 완전히 어두워지지 않았기 때문에 그 가로등 불빛은 푸른 하늘을 배경으로 희미하게 떠오르는 등불처럼 보였습니다.

시골에서 등잔불만 보며 자라 온 나에게는 그 빛나는 전등불 빛이 마치 동화 속의 그림처럼 보였습니다. 나는 무서움도 잊고 그 거리의 풍경을 멍하니 지켜보고 있었습니다.

어디선가 하모니카 소리가 들려왔습니다. 그리고 거리의 저쪽 다리 밑에서 넝마주이들이 불을 피우는 것이 보였습니다. 철길이 지나가는 다리인지 다리가 아주 높았습니다. 그 다리 위로 이제 마악, 붉디붉은 노을이 마치 큰 새가 날개를 편 듯이 깔려 있었습니다. 그 노을은 빠른 속도로 사위어 갔습니다. 그 사위어 간 서쪽 하늘에 하나 둘 별들이 떠오르고 있었어요.

합판 공장의 굴뚝은 다리 너머 어두워 가는 하늘을 배경으로 아직도 멀리 보였습니다.

그때 무언지 모를 슬픔 같은 게 내 가슴속으로 파고드는 걸 느꼈습니다. 생전 처음 느껴 보는 기분이었어요. 정말 어떤 말로도 표현하기 어려운 그런 감정이었어요.

얼마나 지났을까. 그제야 갑자기 돌아갈 걱정에 가슴이 철렁 내려앉았습니다. 어머니, 아버지, 형이 알면 얼마나 걱정을 하실까. 지금쯤 내가 없어진 걸 알고 깜짝 놀라서 여기저기 뛰어다니고 있을지도 몰라. 나는 황급히 발걸음을 돌려 빨리 집을 향해 걸어가기 시작했습니다.

그러나 나는 곧 낭패에 빠진 것을 알았습니다. 갈 때 보아 둔 전봇대나 쓰레기통을 알 수 없었던 것입니다. 판잣집들이 늘어선 그 동네에는 골목이 너무 많았고, 전봇대나 쓰레기통도 너무 많았습니다. 그래서 아까 내가 보아 둔 것이 어느 것인지 알 수가 없게 된 것입니다. 더구나 그동안 날까지 어두워져서 골목 안은 어둠이 짙게 깔려 있었습니다.

몇 군데 비슷한 골목을 돌아다니는 동안 나는 내가 완전히 길을 잃어버린 것을 알았습니다. 왔던 곳을 몇 차례나 다시 지나갔습니다. 그제야 정말 무서운 생각이 덜컥 들었습니다. 어떤 음식점 앞을 지나면서 보니까 한 털보 사내가 작은 삽만 한 숟가락으로 밥을 퍼먹고 있는 것이 보였습니다. 내 눈에는 그가 거인 나라에서 방금 나온 도둑처럼 보였습니다. 그러자 더욱 무서운 생각이 들었습니다.

얼마나 헤매고 다녔을까. 마침내 나는 한 곳에 가만히 서 있기로 결심했습니다. 아버지나 어머니, 형이 나를 찾으러 나온다면 내가 돌아다니는 것보다 차라리 한 곳에 서 있는 것이 찾기에 훨씬 수월할 것이라는 생각이 들었기 때문입니다.

그렇게 서 있는 동안 나는 내내 후회를 하였습니다. 두려움과 공포가 온몸을 감싸고돌았습니다. 그러나 한번 엎질러진 물은 다시 주워 담을 수가 없는 법. 울고 싶었지만 울지도 못하고 그렇게 얼어붙은 듯이 그 자리에 서 있을 수밖에 없었습니다. 얼마나 지났을까. 어둠 속에서 내 이름을 부르는 소리가 들려왔습니다.

"현아!"

분명히 내 이름이었습니다. 그것은 너무나 그리운 어머니의 목소리였습니다.

곧이어 형을 선두로 어머니의 얼굴이 보였습니다.

"엄마……!"

나는 힘껏 달려가 어머니 품에 안겼습니다. 그제야 내 눈에서는 눈물이 거침없이 펑펑 쏟아져 내렸습니다. 어머니도 나를 꼭 끌어안고 울음을 터뜨렸습니다.

"이놈아! 도대체 어디를 갔었니?"

그러나 나는 아무 대답도 하지 못했습니다.

"요 녀석이! 혼자 대문 밖에 나가지 말래도……!"

형이 괜히 군밤 한 대를 먹이며 말했습니다. 어머니는 나를 업고 집으로 돌아왔습니다. 엄마의 등이 그때처럼 따뜻하고 편했던 적은 없었습니다.

이것이 내가 알에서 깨어나 세상 밖으로 나오려고 버둥거렸던 첫 번째 사건입니다. 어쩌면 그때부터 내겐 '떠돌이별'처럼 살아갈 운명이 예감된 것인지도 모르지요. 지금도 나는 그 합판 공장의 굴뚝을 생각하면 먼 동화의 세계로 들어가는 것 같은 착각에 빠지고는 합니다.

또 한 번의 가출 — 분황사의 별

그 후에도 나는 내가 살아가고 있는 세상의 바깥으로 나가고 싶은 끝없는 유혹에 사로잡혀 있었습니다. 어쩌면 세상 밖으로 하염없이 떠돌아다니고 싶은 방랑벽이 태어날 때부터 내 핏속에 흐르고 있었는지도 모릅니다. 아니, 알고 보면 어디 그게 꼭 나만 그런 것일까요? 사람은 누구나 그렇게 떠돌아다니고 싶은 본능을 조금씩은 가지고 태어나게 마련이지 않겠어요? 말하자면 알을 깨고 나가고 싶은 충동 같은 것 말이에요.

여러분은 어떠세요? 그러나 누구나 쉽게, 그리고 아무 때나 자기가 살고 있는 세상의 바깥으로 훌쩍 떠나갈 수 있는 것은 아닙니다. 우리가 살고 있는 세상은 너무나 바쁘고 할 일이 많아서 병아리가 껍데기를 깨듯 그렇게 간단하게 떠날 수 있는 것이 아니니까요. 학교나 학원에도 가야 하고, 부모님의 허락도 얻어야 하고, 스스로

판단할 수 있는 능력도 갖추어야 하고…….

어휴, 그러니 누구나 탐험가나 모험가가 될 수 있는 건 아니지요. 그러나 살다 보면 누구에게나 우연히 그런 기회가 한 번쯤은 오게 마련입니다. 그런 기회가 올 때까지 기다리는 마음도 중요합니다. 그리고 기회는 기다리는 사람에게만 온다는 사실도 잊지 말기 바랍니다.

내가 두 번째로 껍데기를 깨고 나오려고 버둥거린 것은 그 후 또 많은 세월이 흘러 중학생이 되었을 무렵입니다. 더 이상 어린애가 아니었지만, 그렇다고 어른도 아니었을 무렵이었지요.

마침 가을 중간고사가 끝난 때였습니다. 시험이란 게 늘 그렇듯 다 치르고 나니 어쩐지 허전하고 후회스러운 느낌이 들었습니다. 아는 것도 틀린 게 많았고 그동안 게을리했던 과목의 결과도 뻔하게 느껴졌지요. 공부 잘하는 친구들의 잘난 체하는 듯한 얼굴도 괜히 보기가 싫었습니다. 어쩐지 나를 비웃고 있는 듯한 느낌이 들었던 것이었지요.

그리고 무엇보다 고향에 계신 부모님께 미안한 생각이 들었습니다. 그때 나는 시골에서 대구로 올라와 시집간 누나 집에 붙어살고 있었거든요. 어쨌든 이런저런 이유로 나는 갑자기 학교 가기가 싫었습니다. 그래서 누나 집을 나와 학교 가는 길에 학교로 가지 않고 대구역에서 경주행 기차를 탔습니다. 주머니에 겨우 기차삯 정도의 돈이 있었거든요.

내가 경주를 택한 것은 경주가 대구와 가까이 있는 도시라는 탓도 있지만 그곳에는 나와 친했던 친구 누나가 있었기 때문입니다. 그 누나는 경주의 변두리에 있는 작은 우체국에 다니고 있었습니다. 몇 해 전 여름, 친구와 함께 그 누나가 자취하는 집에 가서 며칠을 보낸 적이 있었습니다. 누나는 시집갈 나이가 다 되었지만 혼자서 살고 있었습니다. 누나의 방에는 소설책을 비롯하여 책이 많이 있었습니다. 그런 데다 그 누나는 얼굴도 예쁘고 마음씨도 고와서 대하기가 참 편했습니다.

내 생각으로는 그 누나라면 내 이야기와 고민에 충분히 귀를 기울여 줄 것 같은 생각이 들었던 것입니다. 단지 들어 주기만 해도 얼마나 큰 힘이 될지 몰랐습니다.

기차를 타고 가는 동안 내내 나는 그 누나를 만날 생각에 가슴이 부풀어 있었습니다. 그러나 가슴 한쪽에서는 학교를 빼먹고 가는 것이 왠지 좀 찜찜하고 마음에 걸렸습니다.

"이놈!"
하고 꾸중하실 담임선생님의 얼굴이 떠올랐습니다.

그리고 내 짝인 병호의 얼굴도 떠올랐습니다. 집에서 걱정할 누나와 자형의 얼굴도 떠올랐습니다. 그러자 마음 한쪽이 납덩어리를 매달아 놓은 것처럼 무거워 오는 것이었습니다.

그러나 내 속엔 내가 어쩔 수 없는 유혹의 손짓이 있었습니다. 그 유혹을 뿌리치기엔 나는 너무나 약했습니다. 차창 밖에 단풍이 든 풍경이 가득 떠올랐습니다. 시골 길가에 서 있는 은행나무 잎사귀도 노랗게 물들어 있었습니다. 철길을 따라 늘어서 있는 전봇대들이 기차를 따라오다가 뒤로 멀리 밀려가곤 했습니다. 나는 우울한 기분을 떨쳐 버리기라도 하듯 우체국에 다니는 그 친구 누나와 이야기할 거리만 생각하고 있었습니다. 그러자 기분이 조금 가벼워졌습니다.

이윽고 기차는 경주역에 도착했고, 나는 걸어서 그 누나가 다니던 우체국으로 갔습니다. 그런데 뜻밖에도 누나는 그곳에 다니고 있지 않았습니다. 그만둔 지 꽤 오래되다고 했습니다. 그래서 이번에는 좀 빠른 걸음으로 누나가 살고 있던 자취방으로 갔습니다. 그러나 그곳에도 누나는 없었습니다. 다른 사람이 들어와 살고 있었습니다.

나는 낭패한 기분으로 그 집에 있는 할머니께 여쭤 보았습니다.

"할머니, 말씀 좀 여쭐까요?"

"그러렴."

"예전에 여기 살던 누나, 어디로 갔는지 모르세요?"

"누나라고?"

"예, 우체국에 다니면서 혼자 살던……."

"응, 그 아가씨 시집갔어."

"네?"

나는 정말 깜짝 놀랐습니다. 갑자기 내가 서 있던 땅이 푹 꺼지는 느낌이었습니다.

"쯧쯧, 누나라면서 시집간 줄도 몰랐던가 보지?"

할머니는 안됐다는 듯이 혀를 껄껄 찼습니다.

"어디서 왔니? 멀리서 온 모양이구나. 들어와 쉬었다 가렴."

"아뇨."

나는 힘없이 대답하고는 어깨를 축 늘어뜨리고 돌아섰습니다. 한 가닥 희망이 산산조각 나 버렸던 것입니다. 그 누나와 함께 밤새 마음껏 이야기를 나누어 보리라는 꿈도 연기처럼 사라져 버렸습니다. 경주에는 그 누나 이외에는 아는 사람이 아무도 없었습니다. 게다가 주머니도 텅텅 비어 있었습니다. 정말 눈앞이 캄캄해 왔습니다. 이대로는 어디서 잠을 자기는커녕 끼니를 때울 방법조차 없었습니다.

그제야 나는 비로소 나의 무모한 가출을 후회했지만, 이미 때는 늦었습니다. 나는 낙엽들이 뚝뚝 떨어져 바람에 날리는 거리를 정처 없이 터벅터벅 걸었습니다.

점심때가 훨씬 지나가고 있었습니다. 배에서 쪼르륵 소리가 들렸습니다. 김이 술술 피어오르는 하얀 쌀밥과 된장국, 맛있는 김치가 머릿속에 떠올랐습니다.

그렇게 얼마를 걸어가노라니 저만큼 첨성대가 나타났습니다. 교과서에서 본 그 모양 그대로입니다. 가까이 가서 보니, 안내 팻말이 붙어 있었습니다.

첨성대 : 신라 선덕여왕 때 세운 천문대. 높이 950센티미터. 경상북도 경주시 인왕동에 있다. 현재까지 남아 있는 천문대 중 세계에서 가장 오래되었다. 첨성대의 구조는 기단부 원주부 정자형두부로 나누어진다. 첨성대 전체의 석재는 화강암으로 석재 수는 365개 내외이다.

신라의 천문학자들은 저곳에 올라가서 별을 관찰하였을 것입니다. 그러니까 천 년쯤 전에 이곳에 왔다면 그들을 만날 수가 있었을 것입니다. 그렇게 생각하니 참 신기하기도 하여, 나는 첨성대를 한 번 더 올려다보았습니다.

배도 고프고 지쳤기 때문에 나는 첨성대 아래에 주저앉아 잠시 쉬었다 가기로 했습니다. 주머니를 뒤져 보니 겨우 십 원짜리 몇 개가 있을 뿐이었습니다. 요즘으로 치자면 오백 원이나 될까 한

돈이었지요. 그 돈으로 되돌아갈 열차를 타기에는 어림도 없었습니다. 나는 그 돈으로 무엇을 할까 생각하다가 우선 배부터 좀 채우기로 했습니다. 배가 고파 도저히 견딜 수가 없었기 때문입니다.

근처 가게에 가서 빵 하나와 우유 하나를 샀습니다. 돈이 약간 모자라긴 했지만 마음씨 좋게 생긴 아주머니가 그냥 가져가라고 해서 다시 첨성대 아래로 와서 천천히 먹기 시작했습니다. 그러나 천천히는 그저 마음뿐이었고 순식간에 빵과 우유는 입속으로 사라지고 말았습니다. 턱없이 모자라긴 했지만 배가 차자 그래도 조금 전보다는 정신이 좀 드는 것 같았습니다.

하늘을 보니 푸른 가을 하늘 위로 흰 구름이 둥실둥실 떠가고 있었습니다. 나는 다시 길을 걸어가기 시작했습니다. 커다란 왕릉도 보였고, 탑도 보였습니다. 감나무에는 빨간 감이 익어 가고 있었고, 밤나무에는 밤들이 여물어 가고 있었습니다. 화랑 관창과 김유신 같은 이들도 이 들길을 걸었을 것입니다.

한참을 걸어가노라니 삼층 석탑 하나가 나타났습니다. 교과서에서 본 적이 있는 낯익은 석탑이었습니다. 바로 분황사 삼층 모전 석탑이었어요. 모전 석탑이란 돌을 벽돌처럼 만들어서 쌓은 탑을 말합니다. 분황사는 신라 시대 원효 스님이 사시던 절입니다. 그런데 이 절의 흔적은 사라지고 탑만 외로이 남아 있을 뿐이었습니다.

저녁이 되었습니다. 나는 다리가 아파 그 탑 아래 주저앉았습니다. 생각하면 참 처량하기 짝이 없었습니다.

학교 선생님과 친구들, 고향에 계신 부모님, 그리고 누나와 자형의 얼굴을 생각하니 마음이 울적해졌습니다. 따뜻한 방과 따뜻한 밥 생각이 절로 났습니다. 그동안 나를 사랑해 주신 분들과 고마웠던 분들의 얼굴도 떠올랐습니다. 평소에는 잊고 있었는데 지금은 이상하게 그들 모두가 가슴속에 선명하게 그려지는 것이었습니다. 그러다가 나도 모르게 어느새 잠이 들고 말았습니다. 쪼그리고 앉아 무릎에다 머리를 묻은 채 얼마나 잤을까. 추워서 눈을 떴습니다. 이미 사방은 캄캄해져 있었습니다.

그때 내 눈에 하늘 가득 떠올라 있는 별들이 보였습니다. 별들은 마치 따뜻한 등불처럼 하늘에 떠 있었습니다. 그동안 밤하늘을 많이 보았지만 그때처럼 많은 별들이, 그때처럼 맑게 빛나는 것은 처음 보았습니다.

그 많은 별들 속에 내 별 하나가 있을지도 몰랐습니다.

'어느 별이 내 별일까…….'

나는 밤하늘의 수많은 별들을 바라보며 생각했습니다. 그때 문득 학교에서 배운 떠돌이별에 대한 이야기가 기억났습니다. 어느 한 곳에 붙박여 있지 않고 우주를 떠돌아다니는 별…….

'그래, 내 별은 어쩌면 저 많은 별들 중에 섞여 있는 떠돌이별 하나일지도 몰라.'

그러자 나는 어쩐지 내가 고아나 된 듯한 생각이 들었습니다. 나도 모르게 눈가에 이슬처럼 눈물이 맺혔습니다.

그날 밤, 다행히 나는 그곳을 지나가는 어느 친절한 아저씨에게 발견되어 그 아저씨 집에서 자고, 다음 날 무사히 집으로 돌아올 수가 있었습니다. 그 아저씨를 만나지 못했으면 어떻게 되었을까요.

2. 사막으로 향한 꿈

사막을 다녀온 어느 시인의 이야기

그런 나도 어느덧 나이가 들어 어른이 되었습니다. 세상의 여기저기도 가 보았고, 책도 많이 읽었고, 또 많은 이야기도 들었습니다. 그러면서 차츰 나는 내가 살고 있는 세상 외에 또 다른 많은 세상이 있다는 것을 알게 되었습니다.

하루 종일 숯불 같은 태양이 내리쬐는 아프리카가 있는가 하면 눈과 얼음으로 뒤덮여 있는 북극 지방도 있고, 피부색이 까만 사람이 있는가 하면 빨간 사람도 있고, 초원이 있는가 하면 섬도 있다는 것을 알게 되었습니다.

세상은 정말 얼마나 넓고, 또 얼마나 다양한 사람들이, 얼마나 여러 가지의 삶을 살고 있는지 모릅니다.

나는 자라면 자랄수록 지금까지 살아온 나의 세상이 그 많은 세상의 일부 중의 일부, 말하자면 아주 작은 하나의 세상에 지나지 않는다는 것을 깨달았습니다. 아주 비좁은 공간이지요.

더구나 여러분들도 알다시피 우리나라는 남북으로 갈라져 있잖아요? 그래서 휴전선 이북으로는 갈 수가 없습니다. 그런 데다 동쪽과 서쪽과 남쪽은 바다에 에워싸여 있지요. 비록 우리나라가 넓다고는 하나 지구 위의 여러 세상들과 비교해 보면 정말 작은 공간에 지나지 않습니다.

더구나 내가 자랄 때는 다른 나라에 여행을 가는 일이 여간 어렵지가 않았습니다. 나라 살림이 참 어렵기도 했거니와, 당시에는 사회주의 나라로 여행하는 것을 금지했기 때문이기도 했습니다. 외국에 다녀왔다는 것이 큰 자랑거리가 되는, 그런 시절이었습니다.

그러니 우리나라 밖의 세상에 대해서는 영화나 사진, 책을 통해 접해 볼 수 있을 따름이었습니다.

그렇지만 나는 정말 내가 살고 있는 이 세상 밖의 세상으로 나가 보고 싶었습니다.

마치 병아리가 껍데기를 깨고 나오듯이 말이에요.

그런데 내가 가장 가 보고 싶었던 곳이 어디였는지 아세요?

음……, 사막이었습니다.

사막…….

그래요. 끝없는 사막이었어요.

가도 가도 타는 듯한 모래언덕, 그리고 신기루만 보이는 그런 사막 말이에요. 물론 세상에는 좋은 곳이 많이 있을 것입니다. 달빛 아래에서 바닷고기들이 춤을 추는 오스트레일리아의 바닷가나 뉴욕의 마천루, 스위스의 산록, 샹들리에 불빛이 찬란한 파리……. 모두 좋은 곳일 겁니다.

그러나 나는 가도 가도 풀 한 포기 없는 그 사막이 가장 가 보고 싶었습니다.

내가 사막을 좋아하게 된 데에는 몇 가지 이유가 있었습니다. 첫째는 사막의 오아시스에 얽힌 여러 가지 이야기 때문이었습니다. 낙타를 타고 가다 보면 야자수가 우거진 오아시스가 나타납니다. 오아시스에는 시원한 샘물과 시원한 그늘이 있고, 또 맛있는 과일이 있습니다. 그리고 〈아라비안나이트〉에나 나올 법한 멋있는 궁전과 아름다운 소녀들이 있습니다. 나는 시원한 야자수 그늘 아래에 누워 빈둥빈둥하며 책을 읽거나 잠을 잡니다. 알리바바와 사십 명의 도둑이 저 사막의 끝에서 뽀얀 먼지를 일으키며 말을 타고 달려옵니다.

나는 사막을 떠올리며 그런 꿈을 꾸고는 했습니다.

그리고 또 하나, 생 텍쥐페리라는 프랑스 작가가 쓴 〈어린 왕자〉라는 동화 때문이었습니다. 비행기 조종사인 주인공은 비행기가 고장 나 사막에 불시착했고, 그곳에서 다른 별에서 온 어린 왕자를 만납니다. 그리고 여우와 바오바브나무도 만나지요.

이 모든 것이 언제나 내게 사막에 가 보고 싶은 꿈을 불러일으키곤 했습니다.

그러나 내가 사막에 가 보고 싶다는 꿈을 본격적으로 가지게 된 것은 뭐니 뭐니 해도 내 친구 재구 때문이었습니다. 유명한 시인이기도 한 그는 일찍부터 세상의 여기저기를 많이 다녀 보았습니다. 그래서 많은 것을 보고, 듣고, 알고 있었습니다.

오렌지 잎사귀가 반짝이는 먼 지중해, 여러 인종이 살아가는 마다가스카르 섬, 죽은 사람을 화장하는 인도, 지구의 지붕이라는 티베트, 적도 근처에 있으면서도 일 년 내내 만년설에 뒤덮인 아프리카의 킬리만자로 산…… 등등.

그의 이야기에 귀를 기울이다 보면 날이 새는 줄도 모를 때가 한두 번이 아니랍니다.

그런 그의 이야기 중에서 번쩍 나의 흥미를 끄는 것은 물론 사막에 관한 이야기였습니다.

그가 바로 사막에 대한 이야기를 해 주었던 것입니다.

"……사막에서 하룻밤을 묵었지. 아니, 여러 날을 사막에서 묵었는데 바로 그런 날 중의 하루였어. 밤에 오줌이 마려워서 집 밖으로 나왔지. 버스째로 머무는 여관집이었어. 아주 허름했지. 사막의 사람들은 대부분 가난하니까……."

그는 멋있게 담배 연기를 뿜어 내며 말했습니다.

"그런데 거기서 내가 본 게 뭔지 알아?"

그는 나를 바라보며 말했습니다. 물론 나는 아무 대답도 하지 못했습니다.

그는 마치 꿈을 꾸듯이 천장을 바라보며 천천히 말했습니다.

"……별이었어."

"별?"

나는 나도 모르게 되물었습니다.

"그래, 별이었어. 아니, 별바다였어."

그는 눈을 내리깔며 말했습니다. 그때 나는 얼마나 가슴이 울렁거렸는지 모릅니다.

'별바다라니!'

"사막의 밤은 아주 추워. 나는 덜덜 떨면서 오줌을 누다가 머리 위를 온통 뒤덮고 있는 별들을 보았지. 얼마나 많은 별들이 빛나는지 말 그대로 별바다였어. 오줌을 누는 동안 나는 그 깊은 바다 속으로 빨려들어 가는 듯한 기분이 들 정도였어."

나는 그의 말을 들으며 머릿속으로 그 장면을 훤히 그려 보고 있었습니다.

"그때 나는 알았지. 우리들이 살고 있는 이 세상의 바깥에 얼마나 큰 또 다른 세상이 있는가를!"

그는 엄숙하게 말했습니다.

"그에 비하면 우리는 바닷가의 모래알에 지나지 않아. 그게 바로 우주야."

나는 그를 똑바로 쳐다보았습니다. 그에게서 눈을 뗄 수가 없었습니다. 거의 숨이 멈추어질 지경이었습니다.

"나는 사막의 밤에 바로 그 우주를 본 거야."

그러고 나서 그는 입을 다물었습니다.

그날 이후, 내 머릿속에서는 한번도 사막이 떠난 적이 없었습니다. 사막은 나의 꿈이자 이 세상을 살아가는 희망이 되었습니다.

"나는 사막의 밤에 바로 그 우주를 본 거야."

특히 그 시인 친구가 마지막으로 남긴 그 말은 내게 하나의 계시처럼 들렸습니다. 나는 그 말에 정말 혼이 나갈 정도였습니다.

한번 상상해 보십시오. 보아도 보아도 끝이 없는 사막. 그 위로 가득 쏟아져 내리는 별과 드넓은 우주를 말이에요. 정말 숨이 턱 막힐 노릇이 아닙니까.

그래서 나는 결심을 했습니다.

누가 내게 한 가지 소원을 말하라면 사막으로 가게 해 달라고 말하리라 하고 말입니다.

그리고 반드시 그 기회를 찾겠다고 말입니다.

그리하여 반드시 사막의 한가운데서 우주를 보고야 말겠다고 말입니다.

마침내 찾아온 기회 – 고선지 장군의 유적을 찾아서

나는 이 책의 앞에서 기회는 기다리는 사람에게 찾아온다는 말을 했습니다. 그런데 오랜 세월이 지나지 않아 나는 그 말이 틀리지 않는다는 것을 증명할 수 있게 되었습니다. 마침내 내게 그 기회가 찾아온 것입니다. 내가 작가가 된 후 어느 날, 어떤 잡지사에서 내게 고구려 장군 고선지의 유적을 찾아 글을 써 주면 좋겠다는 부탁을 해 온 것이었습니다.

고선지 장군이라면 고구려가 망하고 나서 중국 땅에서 태어나 당시 세계 제일의 제국이었던 당나라에서 이름을 떨쳤던 바로 그 유명한 장군이 아닙니까. 그는 눈과 얼음으로 뒤덮인 험준한 파미르 고원을 넘어 강대한 토번 제국을 무찌르고 실크로드를 장악했던 전설적인 장군이죠. 그리고 그가 갔던 길이 바로 타클라마칸 사막이니, 그의 유적지를 살피기 위해서는 부득불 사막을 지나가지 않을 수 없을 것이었습니다.

그렇습니다. 기다리고 기다리던 사막으로 떠나갈 수 있는 기회가 드디어 내게 찾아왔던 것입니다!

더구나 사진 작가 한 명과 함께 가는 데 드는 모든 경비를 잡지사에서 댄다고 하니 더없이 좋은 기회였던 셈이지요. 나는 얼른 도서관으로 가서 고선지 장군에 대해 찾아보았습니다. 그러나 나는 곧 실망하지 않을 수 없었습니다. 나와 있는 기록이 너무나 빈약하였기 때문입니다. 백과사전에는 겨우 이렇게 적혀 있었습니다.

고선지(高仙芝) 장군 : 고구려 출신의 당나라 장군. 고구려가 망하자 아버지 고사계를 따라 당나라 서쪽 타클라마칸 사막 중앙에 있는 안서(중국 발음으로는 안시라고 한다.)에 가서 음보(蔭補)의 유격대장에 등용되었고, 이십 세 때 장군에 올랐다. 747년, 행영(行營)절도사로 군사 1만 명을 이끌고 파미르 고원을 넘어 토번을 정벌하고, 사라센 제국의 동맹국 72개국으로부터 항복을 받았다.

750년, 제2차 원정에서 석국(石國)을 토벌하였으나, 751년 원정에서는 서역 각국과 사라센 연합국에 크게 패하고 후퇴하였다. 755년, 안록산의 난 때 토적(討敵) 부원수로서 진압에 나섰으나 부하의 모함으로 진중에서 참형되었다.

나는 다시 '안서'라는 이름을 찾아보았습니다.

안서(安西) : 안서도호부가 있던 중국 서안의 서쪽에 있는 사막 도시. 지금의 신장위구르 자치구의 쿠처(高車).

나는 또 '행영절도사'도 찾아보았습니다.

행영절도사 : 이동하는 군대의 총사령관.

또 '파미르 고원'을 찾아보았습니다.

파미르 고원 : 중앙아시아 타지키스탄을 중심으로 아프가니스탄, 중국에 걸쳐 있는 고원. 해발 5,000여 미터를 넘나드는 산이 이어져 나가 '세계의 지붕'이라고도 불린다. 예부터 실크로드 서쪽에 있는 험한 지역이다. 동서 길이는 중국의 카슈가르로부터 아무다리야 강

상류까지가 450킬로미터, 남북 길이는 힌두쿠시 산맥에서 아라이 산맥까지 280킬로미터이다. 북동쪽으로는 톈산 산맥이, 남동쪽으로는 카라코람 산맥, 쿤룬 산맥, 히말라야 산맥이 이어진다.

이어서 '토번'과 '사라센'을 찾아보았습니다.

토번 : 7세기 초에서 9세기 중엽까지 활동한 티베트 왕국 및 티베트인(人)에 대한 당(唐)·송(宋)나라 때의 호칭.

사라센 : 중세 시대 아랍, 투르크 등지에서 이슬람 교도를 일컫는 말. 그 후에도 널리 사용되었다. 사라센 제국은 이슬람의 최고 지도자 칼리프가 지배하던 제국이다.

그리고 마지막으로 '안록산의 난'을 찾아보았습니다.

안록산의 난 : 755년에서 763년에 걸쳐 중국 당나라 현종 때 일어난 대반란. 절도사 안록산이 양귀비의 오빠 양국충과 권력 다툼을 벌이다 난을 일으켰다. 한때는 당나라의 수도 장안을 점령하였고, 현종은 멀리 사천성까지 도망을 가지 않으면 안 되었다. 안록산이 그의

큰아들에게 암살을 당하자 그의 부하 사사명이 계속 저항을 했으나 평정되었다.

 이러한 내용을 바탕으로 대충 정리를 해 보자면 이렇습니다.
 고선지 장군은 나당 연합군에 의해 고구려가 멸망할 무렵이나 그 후에 태어난 고구려의 유민이었습니다. 나라가 망하자 그들은 통일신라에 흡수되어 살아가거나 정처 없이 중국 등지를 떠돌아다니거나 하지 않으면 안 되었습니다. 그중에는 당나라로 끌려간 사람들도 적지 않았는데, 그들 가운데서 높은 관직에 올라간 사람도 있었습니다.
 고선지의 아버지 고사계도 그런 사람 중의 한 사람이었던 듯합니다. 고사계는 고구려의 무장이었지만 나라가 망하자 포로가 되어 중국의 요령성 영주라는 곳으로 끌려가서 그곳에서 고선지의 어머니를 만나 고선지를 낳았던 것입니다. 워낙 뛰어난 무장이었던 고사계는 당나라에서도 실력을 인정받아 장군이 되었습니다. 고사계는 고선지와 고선지의 어머니를 데리고, 당나라의 수도인 장안에서도 아주 먼 서쪽에 있는 안서라는 곳을 지키는 임무를 띠고 그곳으로 갔습니다. 고선지는 그런 아버지 밑에서 무럭무럭 자라났습니다. 어려서부터 무용이 뛰어난 데다 지혜를 겸비했던 고선지는 곧 벼슬길에 나아가 무관으로 승승장구 올라갔습니다. 그래서 마침내 불과 이십 세에 세계적인 제국 당나라의 장군이 되었던 것입니다.

그 후 고선지는 이동 부대의 사령관이 되어 옛날 고구려의 군사들이 섞인 당나라 군사 일만 명을 이끌고 만년설이 뒤덮인 높고 험한 파미르 고원을 넘었습니다. 그리고 그 당시 막강한 힘을 가지고 있던 토번 제국을 무찌르고 그들 휘하에 있던 작은 나라들의 항복을 받아 내었습니다. 그 전쟁 뒤로 중국은 오랫동안 비단길이라 불리는 서역의 주인이 될 수 있었습니다. 그 당시 고선지가 이룩한 일들은 알프스를 넘었던 한니발이나 나폴레옹보다도 더 위대한 작전이었다는 평가를 받기도 한답니다.

그러나 그는 그 후 석국이라는 데를 치러 갔다가 이번에는 그들, 즉 이슬람 연합군에 크게 패해 돌아오지 않을 수가 없었습니다. 패배의 책임을 지고 물러나 있을 때 절도사 안록산이 현종과 양귀비의 오빠 양국충에게 반기를 들고 반란을 일으켰습니다. 그들은 순식간에 세력을 쌓아 파죽지세로 밀고 내려와서 당나라의 수도인 장안까지 점령해 버렸습니다. 이것이 바로 안록산의 난입니다.

현종은 다시 고선지를 불러 부사령관에 임명했습니다. 그러나 안록산의 군대가 워낙 강한지라 정면으로 대항하지 못하고 잠시 주춤거렸습니다. 그 틈을 타 고선지 밑에 있던 부하 한 사람이 그를 안록산과 내통한 자라고 모함하였습니다. 그 바람에 고선지는 그만 멀고 먼 이역 땅에서 머리를 잘리는 형을 받아 숨지고 말았다는 그런 내용이었습니다.

참으로 슬프고 가슴 아픈 이야기라 아니할 수 없습니다.
광개토 대왕 같은 위대한 왕들의 후예인 고구려의 한 장수가 자기 나라도 아닌 당나라를 위해 사막을 건너 멀리 토번과 사라센 제국과 싸웠다는 것도 그렇지만, 그의 죽음 역시 가슴을 두드리는 사연이 담겨 있는 것이라 아니할 수 없었습니다. 더구나 지금까지 중국 역사에 남아 있는 고선지 장군의 기개와 용기에 대해 후손인 우리가 이렇게 관심이 없었다니, 부끄럽고 미안한 일이 아닐 수 없습니다.
다행히 뒤늦게나마 그의 유적을 돌아볼 수 있는 기회가 내게 찾아온 것입니다.
"꿩 먹고 알 먹고……." 란 말은 이런 경우 내게 꼭 맞는 속담일 것입니다. 그토록 꿈에 그리던 사막에도 가 볼 수 있고, 고구려의 장군 고선지의 행적을 더듬어 볼 수도 있게 되었으니까요. 아무튼 기회는 기다리는 사람에게 온다는 말이 틀리지 않는다는 것을 이제 여러분도 인정하지 않을 수 없겠죠?

3. 실크로드를 따라서

시안에서

드디어 그날이 왔습니다.

나는 잡지사의 사진기자인 박동출 기자와 함께 고선지 장군의 유적을 찾아가는 여행길에 올랐습니다. 아니, 솔직히 말하자면 꿈에 그리던 실크로드 사막을 찾아가는 여행길에 올랐다고 하는 편이 내게는 더 옳을지도 모릅니다.

어쨌든 우리는 김포공항에서 비행기를 타고 중국의 북경으로 날아갔습니다. 그곳에서 하루를 자고 나서 다음 날 미리 예약해 둔 비행기를 타고 중국의 내륙 깊숙한 곳에 자리 잡고 있는 천 년의 고도 시안(西岸)으로 날아갔습니다. 고구려가 망한 뒤에 고선지 장군과 같은 고구려인들이 많이 끌려 왔던 바로 그 당나라의 수도였던 도시입니다. 그 옛날에는 시안을 장안이라고 불렀습니다. 지금도 서울을 '서울 장안' 이라고 하잖아요?

그런데 여러분은 당나라 하면 가장 먼저 떠오르는 사람이 누구입니까?

그래요. 아마 당 태종일 것입니다. 백만 대군을 이끌고 우리나라에 쳐들어왔던 바로 그 인물입니다. 당나라는 수나라에 이어 중국을 통일한 세계적인 강대국이었습니다. 그러나 당 태종은 안시성 성주였던 고구려의 장수 양만춘에게 참패를 당하고 물러나지 않을 수 없었습니다. 그 자신도 양만춘이 쏜 화살에 눈을 맞는 중상을 입었지요.

양만춘뿐만 아니라 연개소문까지 버티고 있던 당시의 고구려는 이렇게 세계 강국인 당나라와도 겨룰 만한 힘을 가진 나라였습니다. 그러나 연개소문이 죽고 권력 다툼이 일어나서, 그만 신라와 당나라 연합군에 의해 힘없이 무너지고 말았지요.

고구려가 망한 뒤부터 우리는 영영 만주를 되찾을 수가 없게 되었습니다.

또 당나라 하면 떠오르는 사람이 없나요?

그렇습니다. 시인 이백과 두보가 당나라 사람입니다. 흔히 이태백이라 불리는 이백은 지금까지도 중국의 최고 시인으로 추앙을 받고 있습니다. 시에 관한 한 이미 신선의 경지에 이르렀다 하여 이백을 시선이라고도 합니다. 그리고 그와 견줄 수 있는 또 하나의 시인이 바로 두보입니다. 두보는 불우한 환경에서 평생을 보냈는데 그의 시는 지금까지도 자기 시대의 삶을 진솔하게 그려 낸 최고의 작품으로 평가를 받고 있습니다. 두보는 시에 관한 한 성인의 경지에 이르렀다 하여 시성이라고 불리기도 합니다.

이 두 사람이 살았던 시대가 당나라의 현종, 즉 양귀비가 살았던 시대이고, 또 안록산의 난이 일어났던 시대이니 바로 고선지 장군이 활약했던 시대이기도 합니다. 어쩌면 이백이나 두보나 고선지 장군은 서로 잘 아는 사이였는지도 모릅니다.

파미르 고원 너머 사라센 제국을 정복하러 떠나는 젊은 장수 고선지를 멀리서 환송하는 인파 속에 이백과 두보 같은 분들이 있었을지도 모릅니다. 흰말을 비껴 타고 꿩의 깃털이 달린 금빛 투구를 쓴 고구려 출신의 늠름한 장군의 모습에 이들 두 시인은 경탄을 터뜨렸을지도 모릅니다.

누런 황하가 굽이치며 흐르는 천 년의 고도. 수많은 왕조가 일어났다 사라졌던 역사의 현장. 지금도 땅 밑에서 병마용과 같은 유물이 발견되고 있다는 비밀의 땅…….

바로 그 시안에 바야흐로 도착한 것입니다.

비행기에서 내려 버스를 타고 시내로 들어가는 동안 나는 내내 그 옛날을 상상하며 은근히 설레는 가슴을 진정시켰습니다. 길가엔 석류꽃이 활짝 피어 있었습니다. 나중에 알고 보니 이곳에는 석류나무가 많았습니다. 이곳 사람들은 석류화를 우리의 무궁화처럼 이 지역의 상징으로 삼고 있었습니다.

길가에 보이는 집들은 우리와는 달리 흙집들이 많고 벌판은 약간 회색기가 도는 황토 빛이었습니다. 넓은 황토 빛 벌판에 옥수수밭, 해바라기밭, 채소밭이 길게 이어져 갔습니다.

벌써 박동출 기자는 사진기를 꺼내 차창 밖으로 내밀고 사진을 찍느라고 정신이 없었습니다.

시안의 유적지들

진시황의 지하 병마용

황하의 상류에 자리 잡고 있는 시안은 당나라뿐만 아니라 수많은 중국 고대 왕국들의 수도이기도 했습니다. 그래서 시안 주변에는 많은 고대의 유적들이 널려 있습니다.

나와 박동출 기자는 먼저 진시황의 '지하 병마용'이 있는 곳부터

황사 바람이 몰아치는 시안의 거리

찾아가 보기로 했습니다.

지하 병마용이란 지하에 숨겨져 있던, 흙으로 만든 병사와 말들의 상을 말합니다. 1974년, 이곳에서 우물을 파던 한 농부가 땅속에서 이상한 것을 발견했습니다. 흙으로 빚은 말과 병사의 부서진 조각들이었습니다.

"이게 무얼까?"

이상하게 생각한 그는 관청에 신고를 하였고, 학자들이 그곳을 발굴하기 시작했습니다. 그러자 땅속에서 흙으로 빚은 실물 크기의 수많은 사람들의 모습과 말, 무기들이 나왔습니다. 그 소식이 전해지자 전 세계가 깜짝 놀랐습니다.

"아니, 그 전설적인 진시황의 유적이?"

더 놀라운 것은 이천여 년이 지난 지금에도 마치 금세 살아 움직일 듯이 만들어진 뛰어난 솜씨였습니다.

나는 취재를 위해 가져온 사전에서 진시황을 찾아보았습니다.

그는 불과 열셋에 왕위에 올라 여러 왕국들로 나뉘어 혼란스럽던 중국을 최초로 통일하였습니다. '시황'이라는 말도 최초의 황제라는 뜻을 가지고 있지요. 그는 이 강대한 힘으로 여러 가지 일들을 하였는데, 그중의 하나가 만리장성을 쌓는 일이었습니다. 세계의 7대 불가사의 중의 하나라는 이 만리장성은 인간이 쌓은 건축물 중에서 가장 길고 큰 것으로 알려져 있습니다.

그리고 또 하나는 자기가 묻힐 지하 무덤을 파는 일이었습니다. 지금까지도 이 무덤은 완전히 발굴되지 않았을 정도로 규모가 엄청나고 정교하기로 이름이 나 있습니다.

그리고 항우가 불태워 버린 유명한 궁전 아방궁을 지었습니다. 한 달이 넘게 태워도 다 타지 않았다고 하니, 그 규모를 짐작해 볼 수 있을 것입니다.

진시황은 그 외에도 보통 인간이 상상할 수 없는 거대한 일들을 많이 벌였는데, 그중의 하나가 바로 이 지하 병마용입니다.

"어이, 김 작가님, 배도 출출한데 우리 고구마나 좀 사 먹읍시다요."

턱수염을 기른 박동출 기자가 우스꽝스러운 표정으로 말했습니다. 버스에서 내려 병마용을 향해 가는 길이었습니다.

"고구마?"

"예, 저기 길거리에서 할머니가 팔고 있는 게 삶은 고구마 같은데……."

"응?"

그가 가리키는 곳을 보니 과연 할머니 한 분이 쪼그리고 앉아 고구마를 팔고 있었습니다. 며칠간 기름기 많은 중국 음식만 먹다가 고구마를 보니까 얼마나 반가웠는지 모릅니다. 어릴 때 어머니가 삶아

주시던 고구마 생각도 났습니다.

　박 기자가 고구마를 한 봉지 샀습니다. 먹어 보니 고향의 고구마나 다름없이 달고 맛있었습니다.

　고구마를 먹으며 우리는 진시황의 병마용을 보호하기 위해 세워 놓은 거대한 돔 형의 건물로 들어갔습니다. 세계 각국에서 온 관광객들로 붐비고 있었습니다. 안은 제법 서늘하였습니다. 조금 어두운 건물 안쪽으로 더 들어가자 철책으로 막아 놓은 난간이 나타났습니다. 그 난간 위에 서서 아래를 내려다보자 정말 내 눈을 의심할 정도의 광경이 펼쳐져 있었습니다.

　마치 지금 막 전쟁터로 나가는 군대처럼 질서정연하게 서 있는, 흙으로 빚어 놓은 수많은 말과 병사들……. 그들이 내 앞에 나타났던 것입니다. 크기도 살아 있는 사람의 크기와 거의 같았습니다. 병사들은 저마다 약간씩 특색 있는 모습을 하고 있긴 했지만 다들 눈을 부릅뜨고 입을 굳게 다문 모습이었습니다. 그리고 코 아래에는 팔자로 멋있게 수염을 기르고 있었습니다. 당장에 "이노옴!" 하며 달려 나올 것만 같았습니다.

　사람만 그런 것이 아니라 말도 늘씬한 엉덩이와 곧추세운 목이 금세라도 "히힝!" 하고 소리치며 뛰어오를 것같이 만들어져 있었습니다.

책에서 보긴 했지만, 그렇게 거대한 유물이 지금까지 그대로 남아 있다고 생각하니 정말 놀라웠습니다. 마치 이천 년의 시간을 뛰어넘어 먼 옛날의 중국에 와 있는 듯한 느낌이 들었습니다.

　비록 그보다는 먼 훗날이긴 했지만, 아마 고선지 장군도 이런 모습을 하고 이런 군대를 이끌고 원정을 떠났을 것입니다. 그런 생각이 들자 비로소 고선지 장군의 모습이 눈에 선하게 그려졌습니다.

　고선지 장군이 이끄는 당의 군대 역시 이에 못지않았을 것입니다. 학교에서 우리나라 고구려의 장군인 을지문덕이나 연개소문, 양만춘 같은 이들의 이야기를 배울 때만 해도 당나라란 게 그저 좀 힘이 센 나라였겠지 했는데, 여기에 와 보니 그게 아니었습니다. 수나라를 무너뜨리고 일어선 당나라는 문자 그대로 세계적인 제국을 형성하였고, 그 뻗어 나가는 힘이란 실로 상상을 초월하는 것이었습니다. 앞에서 이백과 두보의 이야기를 했습니다만, 문화적으로도 중국은 당나라 때에 바야흐로 꽃을 피웠습니다. 고구려가 그런 나라와 맞섰다는 것은 정말 놀라운 일이 아닐 수 없지요. 더구나 황제인 태종이 직접 원정을 지휘하며 나섰는데도 끝내 패배하여 물러날 수밖에 없었다는 것은 정말 경이로운 일이었습니다. 그런 고구려가 내분 때문에 나당 연합군에게 힘없이 무너지고 말았다니, 참으로 어처구니없는 일이 아닐 수 없습니다.

전설적인 진시황의 유적이 발굴된 지하병마용

고선지의 아버지 고사계 역시 마지막까지 고구려에 남아 있다 포로가 되었던 장수 중의 하나였습니다.

그때 작은 소란이 일어났습니다.

박동출 기자가 병마용의 모습을 찍으려다 그곳을 지키는 직원에게 들킨 것입니다. 직원은 얼굴이 시뻘겋게 되어 박 기자에게 뭐라고 소리를 질렀습니다. 그러면서 거기 팻말을 가리키는 것이었습니다. 거기에는 영어로 이렇게 씌어 있었습니다.

"촬영 금지. 이곳에서는 허락 없이 비디오나 사진을 찍을 수 없습니다."

박 기자는 공손히 사과를 했습니다. 나는 직원에게 우리 박동출 기자가 사진작가이며 사진 찍을 생각에 미처 팻말을 보지 못했다는 것을 영어로 설명하고 함께 사과를 했습니다.

그제야 그는 굳은 얼굴을 풀면서 말했습니다.

"모르고 그랬다면 이해를 하겠습니다. 만일 이곳에서 누구나 사진이나 비디오를 찍는다면 그 플래시 불빛이나 열기가 이 흙인형들에게 어떤 영향을 미칠지에 대해서 아무도 장담할 수 없을 것입니다. 생각해 보십시오. 매일매일 이렇게 많은 사람이 몰려와서 사진을 찍는다면 그 열기가 얼마나 될지. 그러면 이 귀중한 유산이 무사하리라 장담할 수 있겠습니까?"

우리는 다시 한 번 진심으로 사과를 했습니다. 그런 일이 있긴 했지만 우리는 우리가 그곳에서 본 것이 너무나 감동적이었기 때문에 곧 그 일을 잊어버렸습니다. 나는 수첩을 꺼내 그들의 옷차림과 무기를 스케치해 두었습니다.

혹시 나중에 고선지 장군에 대해 쓸 때 필요할지 몰랐기 때문입니다.

양귀비의 숨결이 어린 후아칭즈

다음에 우리가 간 곳은 후아칭즈라는 곳이었습니다.

고선지 장군이 살았던 바로 그 시대의 황제인 당 현종과 그의 애첩 양귀비의 숨결이 어려 있는 곳이 바로 이 후아칭즈였기 때문입니다.

"이봐요, 박 기자. 양귀비가 누군지 알아요?"

"예, 그걸 모를까 봐요. 동양 역사상 가장 미인이라는 여자 아닙니까?"

박 기자가 눈을 찡긋하며 말했습니다.

"흠, 미인이라니까 금세 눈이 번쩍하는 모양이군요."

"헤헤."

"그러나 양귀비가 어떻게 죽었는지는 잘 모를 거요."

"어떻게 죽었는데요?"

"거기에는 아주 슬픈 사연이 있지요."

나는 점잔을 빼며 말했습니다. 사실은 어제저녁에 책에서 봐 둔 내용이었습니다.

"현종이 양귀비를 얼마나 사랑했는지는 다 알 겁니다. 지금 우리가 가는 이 후아칭즈도 바로 현종이 양귀비를 위해서 지었으니까. 이곳은 예전부터 온천으로 유명한 곳이었답니다. 현종은 이곳에 넓은 연못을 파고 궁궐을 짓고 양귀비를 위해 목욕탕도 만들었지요. 그러나 그는 어여쁜 양귀비와 밤낮없이 노느라 백성을 돌보지 않았습니다. 그 대신 양귀비의 오빠 양국충이란 자가 제멋대로 정치를 했습니다. 그러니 자연히 백성들의 원성을 사게 되었지요. 그러자 변방의 절도사인 안록산이 반란을 일으킨 것입니다.

그는 삽시간에 수도 장안으로 군사를 몰아왔습니다. 그동안 양귀비에 빠져 정사를 돌보지 않았던 현종과 그의 신하들은 장안을 버리고 피난길에 오르지 않을 수 없었습니다. 궁전은 불타고 양귀비와 현종을 따르는 병사는 겨우 수백 명에 불과했습니다. 이들이 성에서 떠나 백여 리쯤 갔을 때였어요. 호위하던 군졸과 마차를 끌던 군졸들이 일제히 걸음을 멈추고 외쳤습니다.

'양귀비를 처단하라!'

모두 양귀비와 그의 오빠 양국충의 학정에 원한을 품고 있었던 것입니다. 사태가 이 지경에 이르자 비록 천하를 호령하던 천자라 하나 어쩔 수가 없었습니다. 현종은 비단줄을 끊어 양귀비가 목을 매어 죽게 했습니다. 그리고 그 시신은 비단 이불에 싸서 묻어 주었지요."

"와아! 그렇게 기막힌 사연이 있었군요."

"지금 우리가 가는 곳이 바로 그 양귀비와 현종이 놀던 곳이랍니다."

내 설명에 박동출 기자는 큰 눈을 껌벅거리며 감탄을 하는 눈치였습니다. 내가 본 책에 다 나오는 이야기였지만 그런 사정을 모르니 그럴 수밖에요.

그러나 나의 관심은 양귀비가 놀던 목욕탕이 아니라 우리가 찾고 있는 고구려 출신의 젊은 장군 고선지의 유적이었습니다.

당의 현종은 처음엔 현명하고 똑똑한 황제로 백성들을 잘 다스렸다고 합니다. 당나라의 국력은 날로 번성하였고, 서울 장안은 각지에서 올라온 물건으로 넘쳐났으며, 길거리에는 비단옷을 입은 사람들로 붐볐습니다. 이때를 후세 사람들은 '개원의 치'라고 부르는데, 개원이란 현종 때의 연호를 말하니까 그만큼 문화적으로 번성했던 시대란 뜻이죠.

더구나 서역엔 고구려 출신의 범 같은 장군 고선지가 버티고 있었으니까요. 이때가 당의 전성기였습니다.

절세 미인 양귀비의 숨결이 어린 **후아칭즈**

하지만 양귀비를 만난 이후 현종은 더 이상 정사에 힘쓰지 않았습니다. 오로지 양귀비의 환심을 사기 위해서만 노력을 했습니다. 그러다 보니 모든 국사는 양귀비의 오빠 양국충의 손아귀에서 놀아나게 되었지요. 자연히 나라는 어지러워지고 백성들의 생활은 어려워져 갔습니다. 바로 이런 틈을 타서 변방의 장군인 안록산이 반란을 일으켰던 것이었죠.

어쩌면 그런 일만 없었어도 고선지 장군이 억울하게 죽지는 않았을지 모릅니다.

나는 고선지 장군이 살았던 시대를 더듬어 보기라도 하듯 후아칭즈의 이곳저곳을 돌아보았습니다. 그러나 후아칭즈에는 관광객이 너무 많아 미처 그런 흔적을 더듬어 볼 겨를도 없었습니다. 넓은 연못 주위에는 중국의 옛 궁궐이 서 있고, 그 뒤쪽에는 정말 돌로 만들어 놓은 목욕탕이 있었습니다. 그 당시 황제와 귀족이 누렸던 영화는 아마 지금의 우리로서는 상상하기가 어려울지 모릅니다.

그러자 이렇게 거대한 제국의 군대와 맞싸워 격퇴했던 고구려의 힘은 얼마나 강했을까 하는 생각이 다시 한 번 들었습니다. 을지문덕과 양만춘 장군, 연개소문, 그리고 고선지 장군……. 그들의 피가 내 속에도 흐르고 있을 것이라 생각하니 가슴이 뿌듯해지는 것 같았습니다.

이 먼 이국의 궁궐 안으로 칼을 차고 늠름하게 드나들던 장군 고선지……, 마치 지금 그가 저쪽 회랑에서 막 걸어오고 있는 듯한 착각이 들었습니다.

그 대신 그곳에는 우리의 박동출 기자가 있었습니다. 그는 여기저기에 카메라를 갖다 대고 열심히 사진을 찍느라 정신이 없었습니다.

손오공과 현장 법사

마지막으로 우리가 간 곳은 경산사라는 절이었습니다. 현장 법사의 유물들이 간직되어 있는 곳이지요.

"이봐요, 박동출 기자! 현장 법사가 누군지 아십니까?"

나는 앞서 가는 박동출 기자에게 물었습니다. 박동출 기자는 머리를 긁적거리며 또 헤헤, 하고 웃었습니다.

"이런! 현장 법사도 몰라요? 그러면 삼장 법사는요?"

"삼장 법사라……, 거 손오공하고 같이 나오던 스님 아닙니까?"

박 기자는 여전히 자신없는 표정으로 말했습니다.

"그래요. 그 삼장 법사가 바로 현장 법사입니다. 원래 그의 법명은 삼장이 아니라 현장이었는데, 황제가 그에게 불교의 삼대 보물을 다 가진 스님이라 하여 특별히 삼장이라는 법명을 내린 거예요. 이제 알겠죠?"

나는 어깨를 으쓱하며 말했습니다. 물론 미리 다 책에서 보아 둔 덕택이었습니다.

"그렇군요."

"우리가 그 현장 법사의 유적이 있는 경산사를 찾아가는 이유는 물론 그 스님의 위대한 자취를 엿보기 위한 것도 있지만, 스님이 걸어갔던 길이 바로 우리 고선지 장군이 사라센을 정복하러 간 바로 그 길이기 때문입니다.

이른바 '실크로드'라는 이름이 붙어 있는 그 길이지요."

"실크로드란 '비단길'을 뜻하는 영어 이름 아닙니까?"

"그렇지. 실크는 비단이고 로드는 길이란 뜻이니까."

박 기자는 그제야 알겠다는 듯이 고개를 끄덕였다.

"그런데 왜 비단길이라는 이름이 붙었습니까?"

"음, 좋은 질문이에요. 그것은 그 옛날 아라비아의 장사꾼들이 중국의 아름다운 비단을 낙타에 싣고 이 길을 걸어갔기 때문입니다. 이름은 그렇게 비단처럼 아름답지만 사실은 무서운 사막과 흉포한 도적들이 도처에 깔려 있는 험난한 길이었지요.

삼장 법사, 아니 현장 법사는 이 길을 건너 마침내 인도로 가서 수많은 불교 경전을 가지고 돌아왔던 것입니다. 그때가 바로 우리나라에 백만 대군을 몰고 왔다가 눈에 화살을 맞고 돌아간 왕 바로 당나라의 태종이 다스리고 있던 시대였습니다. 고선지 장군보다 백여 년 앞선 시대의 이야깁니다."

"그랬군요."

그런 이야기를 하는 동안 우리는 어느새 경산사의 경내에 들어가 있었습니다. 잘 정리된 절 안에는 현장 법사가 인도에서 가져왔다는 여러 유물이 전시되어 있었습니다. 중국은 역사가 오래되고 땅이 커서 그런지 어딜 가나 유적이 많이 남아 있었습니다. 수많은 전란과 침략 때문에 귀중한 문화유산이 많이 사라져 버린 우리나라를 생각하니 가슴이 아팠습니다.

경내를 한 바퀴 둘러보고 나오는데 마당에 석류꽃이 붉게 피어 있는 것이 보였습니다.

현장 법사는 과연 어떤 사람이었을까?

나는 현장 법사에 대해 좀 더 자세히 알아보기 위해 배낭을 끌러 책을 꺼냈습니다. 그가 갔던 길이 어쩌면 지금부터 우리가 가야 할 길과 같을지도 모르기 때문이었습니다. 석류나무 그늘 아래 앉아 책을 펼쳤습니다. 박 기자는 사진을 찍으러 갔는지 보이지 않았습니다.

현장 법사에 관한 기록입니다.

현장 법사는 602년 중국의 하남성 진류라는 데서 태어났다. 현장을 낳았을 때, 그의 어머니는 아들이 흰 옷을 입고 서역 인도로 가는 꿈을 꾸었다고 한다. 어머니가 "너는 어디로 가느냐?" 하고 물으니, "참다운 법, 그 진리를 찾기 위해 천축국으로 갑니다." 하고 대답했다.
천축이란 부처님의 고향, 즉 지금의 인도를 말한다.

현장은 어려서는 아버지에게서 유학을 배우다가 열세 살이 되자 드디어 출가를 하였다. 그러나 현장이 출가했을 때만 해도 중국에 아직 불교 경전이 충분히 들어오지 않아 공부를 제대로 할 수가 없었다.

그리하여 마침내 인도로 가기로 작정하고 황제에게 계획을 알렸으나 길이 위험하다는 핑계로 황제가 허락하지 않았다. 그러나 현장은 스물여섯 살이 되자 마침내 혼자 서역을 향해 길을 떠났다. 허시후이랑(河西回廊)을 지나고 사막을 지나 천신만고 끝에 겨우 관문을 넘었으나 그를 기다리고 있는 것은 가도 가도 끝없는 사막뿐이었다.

현장은 관세음보살을 외며 걷고 걸었다. 해는 사막 지평선에서 떠서 사막 지평선 위로 사라졌다. 무서움과 허기, 목마름으로 견딜 수가 없었지만, 경전을 구하기 전에는 돌아가지 않겠다는 일념으로 걸음을 재촉하였다.

당나라가 사막에다 세운 봉화대를 통과해 백여 리를 걸어갔는데도 물의 흔적이나 나무 그림자 하나 보이지 않았다. 밤에는 하늘의 별들이 마치 요괴처럼 긴 꼬리를 끌며 떨어졌고, 낮에는 흑풍이 일어 사막의 모래를 하늘 끝까지 치솟게 했다가 모래비를 뿌리듯이 사방이 캄캄하게 쏟아져 내렸다. 한번은 물주머니의 물이 쏟아지는 바람에 닷새 동안 물 한 모금 마시지 못하고 갈증에 시달려야 했다.

그리하여 겨우 투루판의 카오창국에 도착, 불교 신자인 그곳 왕의 도움으로 말과 양식을 얻어 다시 출발했다. 그러나 이번에는 톈산 산맥과 파미르의 빙설을 넘어가지 않으면 안 되었다. 거기에서 도적까지 만나 수십 명이 죽고 구사일생으로 인도에 도착했다.

그곳에서 현장은 십육 년간 공부를 하고 많은 경전을 싣고 다시 중국으로 되돌아왔다.

당나라 황제 태종은 그에게 삼장이라는 칭호를 내리고, 절과 탑을 지어 주었다. 현장은 수많은 불경을 중국 말로 번역하는 데 일생을 바치다가 664년 63세의 일기로 입적하였다. 그 후 이 이야기를 소재로

명나라 때 오승은이라는 사람이 쓴 이야기가 바로 〈서유기〉다.

'우리가 흔히 알고 있는 손오공의 이야기가 이렇게 하여 쓰였군.'
나는 새삼스럽게 손오공과 저팔계 그리고 사오정을 떠올리며 혼자 생각을 하고 있었습니다. 그때 누가 내 어깨를 툭, 하고 쳤습니다.
"우리 김 작가님은 책벌레이셔. 아니, 책 보려고 이 먼 곳까지 오셨나요?"
박동출 기자였습니다. 그는 이를 환히 드러내고 웃으며 놀리듯이 말했습니다.
"난 박 기자가 변소에 갔다가 잠이라도 들었나 했지요."
나는 그제야 엉덩이를 툭툭 털고 일어나며 말했습니다.
"그런데 박 기자, 우리 여행도 이제 본격적으로 시작되는 느낌이군요. 내일부터 드디어 실크로드의 대장정이 시작되는 거니까. 고선지 장군과 현장 법사가 갔던 그 길을 따라……."
"난 사실 좀 떨리는데요. 현장 법사의 이야기를 듣다 보니까……."
"하하, 염려 마세요. 지금은 그 길로 기차가 달리고 있으니까."
그렇게 말했지만 나도 사실은 좀 긴장되는 것은 어쩔 수가 없었습니다.

4. 서역 진출의 통로, 허시후이랑

고선지 장군의 꿈

　다음 날, 나와 박동출 기자는 기차를 타고 시안을 출발해 서쪽으로 가기 시작했습니다. 드디어 고비 사막과 타클라마칸 사막을 넘어 실크로드의 도시로 떠나가는 여행이 시작된 것입니다. 예전에는 중국의 서쪽에 있는 이 지역을 통틀어 '서역'이라고 불렀답니다.
　열차가 시안을 떠나 점점 서쪽으로 감에 따라 차창 밖으로 보이는 풍경이 완전히 달라지기 시작했습니다. 기찻길 옆으로 옥수수밭이 길게 늘어서 있습니다. 그리고 군데군데 흙으로 지은 집들이 마치 성냥갑처럼 모여서 마을을 이루고 있었습니다. 중국 어디를 가도 그렇게 많던 사람들이 여기선 거의 눈에 띄지 않았습니다.
　깎아지른 듯한 절벽 아래로 누런 황하가 소용돌이치며 흐르는 것이 보였습니다. 기차는 강을 거슬러 힘차게 달려가고 있었습니다. 중간

기착지인 둔황 옆 유원이란 데에 도착하려면 앞으로 삼박 사일 동안 이 기차를 타고 가지 않으면 안 됩니다. 서울에서 부산까지 불과 네댓 시간이면 도착하는 우리나라와 비교해 보면 얼마나 먼 거리인가를 짐작할 수 있을 것입니다.

"김 작가님, 강이 어떻게 저렇게 누럴 수가 있나요? 완전히 흙탕물 같은데요?"

차창 밖을 보고 있던 박 기자가 말했습니다.

"그러니까 황하라는 이름이 붙지 않았습니까. 누를 '황' 자, 강 '하' 자. 하하하."

나는 웃으면서 말했습니다.

"여긴 황하가 시작하는 상류에 해당하지요. 이 물이 흘러 흘러 우리나라의 황해까지 갑니다. 그래서 우리나라의 서쪽 바다를 황해라고 부르는 거지요. 이 강이 얼마나 긴가를 알 수 있죠. 그런데 박 기자는 황하가 어떻게 이렇게 누렇게 되었는지는 알고 있나요?"

"그야 누런 황토흙을 깎으면서 흐르니까 그렇겠죠."

"바로 맞혔습니다. 황하는 상류에 있는 이 황토 지역과 고비 사막의 흙을 씻으며 수천 년 동안 흘러내리고 있습니다. 이 황하가 없었다면 중국의 역사는 물론이고 세계의 역사가 달라졌을지도 모르죠."

내 말에 박동출 기자는 커다랗게 숨을 쉬면서 새삼스럽게 창밖을 내다보았습니다.

옥수수 잎사귀들이 햇빛에 반짝이고 있었습니다.

강 저쪽 건너편에는 강을 따라 길이 이어지고 있었습니다. 그 길로 트럭 한 대가 꽁무니에 먼지를 달고 지나가는 게 보였습니다.

'예전에는 저 길을 따라 대상들이 비단을 실은 말과 낙타를 끌고 지나갔겠지. 그리고 서역을 지키려고 떠나는 병사들이 말을 타고 지나가기도 했겠지. 현장 법사와 같이 구법의 길에 나선 스님들도 저 길을 따라갔으리라.'

나는 강을 따라 난 길을 보며 생각했습니다.

고선지 장군이 황제의 명을 받고 서역 지역의 총사령관으로 부임해 갈 때에도 이 길을 갔을 것입니다. 허시후이랑은 시안에서 서역으로 가는 유일한 통로였으니까요. 기차, 자동차도 없었던 그 시절에 이 험한 길을 떠나갔을 그들의 모습을 생각하자 이상하게 그들이 까마득한 옛날 사람이 아니라 어저께 살았던 사람 정도로 느껴졌습니다.

기차는 쉴 새 없이 덜컹거리며 서쪽으로 서쪽으로 달려갔습니다.

박동출 기자는 어느새 잠이 들었는지 차창에 머리를 기대고 코를 골고 있었습니다. 기차는 끝없는 구릉을 지나고 터널을 지나갔습니다.

부드러운 초원 위에는 방목해 놓은 말들이 무리를 지어 몰려다니고 있었습니다. 그런 풍경을 내다보다가 나도 어느새 잠결에 빠져 들었습니다.

그런데 아, 꿈에 고선지 장군이 나타난 게 아닙니까.
굳게 다문 입, 불타는 듯한 눈, 반듯한 이마와 짙은 눈썹…….
틀림없는 우리 한민족의 피를 타고난 고선지 장군이었습니다.
"이랴!"
고선지 장군이 말고삐를 잡아채며 외쳤습니다. 그러자 깃털이 눈처럼 흰 말이 히힝, 힘차게 한 번 울고는 쏜살같이 달려갑니다.
"당나라 고선지 장군이다!"
적병들이 놀라서 소리쳤습니다.
"그렇다! 내가 바로 고선지다! 그러나 나는 당나라의 장군이 아니라 고구려의 장군이다! 너희는 고구려를 아느냐?"
고선지 장군은 혼자 적진 속으로 달려 들어가며 말했습니다.
그러나 그 순간 적병들은 다 사라져 버리고 고선지 장군은 혼자가 되었습니다.
고선지 장군은 외롭게 혼자 말을 타고 터벅터벅 초원 위를 지나가고 있었습니다.

'개똥 같은 고구려 놈. 자기 나라도 없이 남의 나라에 와서 남의 나라를 위해 싸우는 놈.'
고선지 장군의 귀에는 그런 소리가 들려오는 듯했습니다.
이런 사막이 아니라 금수강산의 푸른 산과 물이 있는 아버지의 나라 조국 산천이 보고 싶었습니다.

그렇게 혼자 가고 있는데 갑자기 당나라의 군사와 적군이 몰려왔습니다. 그들은 갑자기 한 편이 되어 고선지 장군을 에워싸고 공격을 했습니다.

고선지 장군은 힘껏 싸웠습니다.

'아아, 내게 고구려의 군사 오천 명만 있었다면……!'

고선지 장군은 점점 힘이 떨어지는 것을 느끼며 혼자 부르짖었습니다. 그의 몸은 온통 상처투성이였고, 어깨에서는 피가 뚝뚝 떨어지고 있었습니다.

"고선지 장군님!"

나는 어느새 고구려의 병사가 되어 혼자 고선지 장군을 향해 달려갔습니다. 조금도 무섭지가 않았습니다.

그때 어디서 화살이 하나 날아와 내 가슴에 정통으로 꽂히는 것이었습니다.

"아악!"

나는 비명을 지르며 말에서 굴러 떨어졌습니다.

"김 작가님! 김 작가님!"

박 기자가 황급히 부르는 소리가 들렸습니다. 꿈이었습니다. 눈을 떠 보니, 의자 아래로 굴러 떨어져 있는 게 아니겠어요?

같은 기차를 타고 가던 중국 사람들이 내 모습을 보고 웃었습니다. 나는 창피하여 얼굴이 빨갛게 되어 얼른 일어났습니다.

"아니, 무슨 꿈을 꾸었기에 그렇게 '고선지 장군님!' 하고 외쳤습니까?"

박 기자는 시원한 물을 건네주며 웃으며 말했습니다. 그제야 정신이 좀 들었습니다.

"고선지 장군의 꿈을 꾸었다오."

"고선지 장군의 꿈?"

"그래요. 분명히 고선지 장군의 꿈이었습니다. 그러나 슬픈 꿈이었어요."

"어떤 꿈이었는데요?"

"박 기자는 나라를 잃어버린 시절에 애국 선열들이 정처 없이 다른 나라를 유랑했다는 이야기를 들은 적이 있겠지요?"

"그래요. 우리 할아버지도 그런 분이셨다는데……."

"고선지 장군이 그런 분이었습니다. 그는 당나라에서 뛰어난 장군이 되었지만 멀고 먼 동쪽의 바닷가에 있는 아버지의 나라 고구려의 옛 땅을 잊을 수가 없었습니다. 그는 싸움에서 승승장구했지만 언제나 나라 없는 설움을 뼈저리게 느끼고 있었지요. 그런 데다 그를 시기하던 당나라 관리들이 '고구려 놈!' 하고 경멸의 눈빛을 보일

때는 정말 눈물이 나올 지경이었지요. 당시에 고구려 유민이란 노예와 다름없는 신분이었거든요."

그런 다음, 나는 꿈 이야기를 해 주었습니다.

"정말 그렇군요."

내 꿈 이야기를 다 들은 박 기자가 고개를 끄덕이며 말했습니다.

"이제 우리가 그 고구려의 꿈을 되찾아야 합니다."

"그래요."

"고선지 장군, 파이팅!"

나와 박 기자는 손을 굳게 잡으며 외쳤습니다.

영문을 모르는 중국인들이 그런 우리를 보고 어리둥절한 표정을 지었습니다. 우리가 그러는 동안 기차는 덜컹덜컹 쉴 새 없이 달렸습니다.

드디어 나타난 설산과 사막

다음 날 아침, 박 기자가 커다란 소리로 나를 깨웠습니다. 우리는 벌써 하룻밤을 기차의 작은 탁자에 엎드린 채 잠을 자며 보냈던 것입니다.

"보세요! 설산이에요!"

"설산?"

나는 정신이 번쩍 들어 차창 밖을 내다보았습니다. 그가 가리키는 쪽에 과연 만년설이 덮여 있는 산맥이 보였습니다. 눈부시게 흰 눈이었습니다. 이 여름에……!

"치롄 산맥(祁漣山脈)이야."

나는 조그맣게 혼잣말처럼 중얼거렸습니다.

"그렇다면 이쪽은 고비 사막이겠군."

나는 반대편 차창 쪽으로 가며 말했습니다. 그곳에는 과연 드넓은 사막이 끝도 없이 펼쳐져 있었습니다. 드디어 꿈에 그리던 사막에 온 것이었습니다. 나는 원없이 사막을 보기 위해 그쪽 창가 의자에 가서 앉았습니다. 말이 잘 통하지 않았지만 그 자리에 앉아 있던 뚱뚱한 중국 남자와 잠시 자리를 바꾸었던 것입니다.

열어 둔 창문 틈새로 덥고 건조한 바람이 불어왔습니다. 목과 피부가 말라 쉴 새 없이 물을 마시지 않으면 안 되었습니다. 그러나 나는 차창 밖의 풍경을 하나라도 놓칠세라 열심히 살폈습니다.

고비 사막은 내가 생각했던 것 같은 완전한 모래사막은 아니었습니다. 황토와 검은 땅, 자갈과 모래가 수시로 뒤바뀌며 나타났고, 군데군데 풀들도 보입니다. 사막이라기보다는 황무지에 더 가까운 형태입니다.

　책을 찾아보니 실제로 '고비'란 말은 몽골말로 '황무지'라고 되어 있었습니다. 그러니까 우리가 지나가는 이 길은 엄밀히 말하자면 사막과 초원의 중간쯤 된다고나 할까요.

　어쨌든 지평선 저쪽, 시선이 닿는 곳까지 펼쳐진 대지는 마치 외계에 온 것처럼 황량하기 짝이 없었습니다. 그런 황량한 땅 군데군데에서 억세게 생긴 풀들이 무리 지어 자라고 있었습니다. 어떤 풀들은 노란 꽃들을 달고 있었습니다. 사막에 핀 노란 풀꽃이 왠지 애처로운 느낌을 전해 주었습니다.

　'저게 말로만 듣던 낙타풀이구나.'

　나는 속으로 생각했습니다. 그것은 낙타들이 좋아해서 그렇게 이름이 붙은 낙타풀이었습니다. 끝이 뾰족뾰족해서 낙타가 그것을 뜯어 먹으면 입가에 발갛게 피가 맺히게 되지만 그래도 맛이 있어 무척 좋아한답니다. 하긴 사막에서 풀이라곤 그것밖에 없으니 안 좋아할 수도 없잖아요?

　그리고 사막 가운데 가끔 나타나는 오아시스 마을에는 미루나무같이 키가 큰 백양나무들이 많이 눈에 띕니다. 백양나무는 건조한 기후에도 잘 자라고 키가 커서 바람에 날려오는 모래를 막아 주기 때문입니다.

그리고 호양나무도 있습니다. 호양나무는 버드나무의 일종으로서 우리나라 버드나무와는 달리 나무의 모양이나 잎의 모양이 무척 다양합니다.

그리고 홍리우라는 다마리스크나무도 있는데 이것은 신장이 원산지로 실크로드를 상징하는 나무이기도 합니다. 수많은 적갈색 가지가 잘게 갈라져 있고, 그 끝에 바늘 모양의 나뭇잎을 빽빽이 달고 있는데 오월에 작고 붉은 꽃을 피운다고 합니다.

"아니, 김 작가님, 아침부터 무슨 생각을 그렇게 깊이 하고 계세요?"

박 기자가 웃으며 다가왔습니다.

"자, 오늘 아침은 중국식 컵라면입니다."

그가 컵라면을 하나 내밀며 말했습니다.

"좋아요. 그렇지 않아도 라면이 먹고 싶었는데."

"하지만 얼큰한 우리나라 라면을 기대하셨다면 좀 실망할 겁니다."

나는 뜨거운 물을 넣어 불린 컵라면을 홀홀 소리를 내며 먹었습니다. 우리나라 라면처럼 담백하거나 얼큰하지는 않았지만 그런대로 먹을 만했습니다.

"배가 부르니까 좀 살 만하지요?"

박 기자는 사람 좋게 웃으며 말했습니다. 면도를 하지 못해서 그런지 그의 수염은 산적처럼 더부룩하게 자라 있었습니다.

"그러나저러나 가도 가도 끝없는 지평선이군요."

"하지만 아직 사막이라고 하기에는 일러요. 고비 사막이라는 이름이 붙어 있긴 하지만……. 진짜 사막은 뭐니 뭐니 해도 우리가 앞으로 본격적으로 여행하게 될 타클라마칸 사막이지요."

"타클라마칸 사막?"

"예."

"어휴!"

박 기자는 벌써 한숨부터 내쉬었습니다.

"그러나 그렇게 한숨을 지을 필요는 없습니다. 우리는 그곳에서 유명한 둔황(敦煌)의 석굴도 볼 수 있고, 포도나무 우거진 투루판이라는 도시, 그리고 사막 속으로 사라져 버린 전설의 왕국 누란(樓蘭)에도 가 볼 거니까요."

"전설의 왕국 누란?"

"예, 전설의 왕국이지요."

"호오!"

'전설의 왕국'이라는 말에 박 기자는 귀가 번쩍 뜨이는지 눈을 동그랗게 뜨고 감탄사를 터뜨렸습니다.

"지루하던 참에 잘됐군요. 그 이야기를 좀 해 주세요."

"그러지요."

나는 물을 한 모금 마시고 나서 천천히 입을 열었습니다.

사막 속으로 사라져 버린 전설의 왕국, 누란

옛날, 서역의 타클라마칸 사막 한가운데에 '로프노르'라는 커다란 호수가 있었습니다. 호수라기보다는 차라리 바다라고 부르는 게 좋을 정도로 커다란 호수였지요. 그 호수로 타림 강이 흘러들었어요. 지금은 모두 메말라 버렸지만…….

바로 그 호숫가에, 지금으로부터 약 이천 년 전에, '누란'이라는 조그만 왕국이 있었습니다. 누란은 인구가 겨우 만 명을 넘는, 아주 작고 평화로운 왕국이었습니다. 그곳 사람들은 피부색이 가무잡잡하고, 눈은 푹 들어가고, 코는 높은 특이한 민족이었죠. 그들은 로프노르 호숫가에서 농사도 짓고, 목축도 하고, 호수에서 물고기도 잡고, 소금도 만들면서 생활을 꾸려 나갔습니다.

그런데 이 누란은 불행하게도 중국의 한나라와 당시 서역을 주름잡던 흉노족 사이에 자리 잡고 있었습니다. 중국 북부의 초원을 누비던 흉노족은 용맹무쌍하고 싸움을 좋아하는 무리였습니다. 진시황이 만리장성을 쌓은 것도 사실은 이 흉노족의 침입을

전설의 왕국 누란 이야기가 전해오는
타클라마칸사막

두려워했기 때문이었지요.

  한나라는 한나라대로 서역의 여러 나라에서 나는 값비싼 보석과 진기한 물건을 차지하기 위해서 점점 서쪽으로 세력을 넓혀 가고 있었습니다. 그러니 자연히 한나라와 흉노족이 마주칠 수밖에 없었지요. 그들 사이에 끊임없이 전쟁이 벌어지지 않을 수가 없었습니다.

  "고래 싸움에 새우 등 터진다."는 속담도 있잖아요? 한나라와 흉노 사이에 낀 누란이 바로 그 새우 꼴이었습니다. 한나라의 군사가 쳐들어오면 한나라 군사에게 항복을 하고 충성을 다짐하지 않을 수 없었고, 흉노족이 쳐들어오면 흉노족에게 항복을 하고 충성을 맹세하지 않으면 안 되었지요.

  심지어, 한나라 무제 때에는 누란 왕의 큰아들은 한나라에 볼모로 보내고, 둘째 아들은 흉노족에게 볼모로 보내는 지경에까지 이르렀습니다. 볼모가 무엇이냐고요? 뭐랄까, 포로나 인질 같은 것쯤으로 이해하면 되겠지요. 예를 들어, 병자호란 때 몽골족이 우리나라 세자와 대신들을 자기네 나라로 끌고 가 인질로 삼았던 것과 같은 것이지요.

  그런데 흉노와 가까이 했다는 이유로 나중에는 누란의 왕마저 한나라의 이광리 장군에게 붙잡혀 멀고 먼 중국 시안까지 끌려가게 되었습니다.

중국 황제 앞에 끌려간 누란 왕은 모든 것을 체념한 표정으로 말했습니다.

"누란이라는 작은 나라는 한나라와 흉노라는 두 개의 큰 나라 사이에 끼어 있습니다. 그러므로 누란은 때로는 한나라에, 때로는 흉노에 복종을 하지 않고서는 살아갈 수가 없습니다. 우리나라 사람들은 그것 때문에 아주 지쳐 버렸습니다. 만일 임금께서 우리 누란을 차지하고 싶으시다면 차라리 우리 누란 땅을 이곳 한나라로 옮겨 와 주십시오."

황제는 누란 왕의 말을 듣고 불쌍한 생각이 들어 다시 자기 왕국으로 보내 주었습니다. 그러나 그는 고국으로 돌아온 지 얼마 되지 않아 시름시름 앓다가 죽어 버렸습니다.

그가 죽자 당장 급한 것은 새로 왕위를 이을 사람이었습니다. 위에서 말한 대로 큰아들은 한나라에, 둘째 아들은 흉노에 볼모로 잡혀가 있었기 때문입니다. 볼모로 잡혀간 큰아들은 그곳에서 죽고, 둘째 아들은 소식이 끊어진 지 오래였던 것입니다.

그래서 왕의 친척 중에서 한 사람을 세워 왕으로 삼았습니다. 그러나 이 새 왕도 자기의 큰아들은 흉노에, 둘째 아들은 한나라에, 각각 한 명씩 볼모로 보내지 않으면 안 되었습니다.

큰아들의 이름은 안귀였고, 둘째 아들의 이름은 우쇼기였습니다. 새 왕 역시 한나라와 흉노 사이에서 시달리다가 얼마 되지 않아 죽고 말았습니다. 그러자 사람들은 흉노에 볼모로 가 있던 안귀를 모셔다가 왕으로 삼았습니다.

이야기는 바로 이 안귀 왕으로부터 시작합니다.

고향으로 돌아온 안귀 왕은 왕위에 오르자마자 백성들에게 말했습니다.

"우리 누란은 예로부터 한나라보다 흉노와 더 가깝게 지냈다. 흉노는 용맹하고 의리가 있다. 하지만 중국인들은 우리들을 이민족이라고 깔보고 함부로 대해 왔다. 더구나 흉노는 이 사막지대의 왕자이다. 중국이 비록 힘이 강하다고는 하나 이곳에서 시안까지는 수천 리나 떨어져 있다. 우리는 어쨌든 한나라를 멀리하고 흉노와 사이좋게 지내야 한다. 이것이 우리가 살 길이다."

그는 오랫동안 흉노에 볼모로 잡혀 있는 동안 흉노와 친해져 있었던 것입니다. 그때부터 누란은 한나라의 말을 듣지 않게 되었습니다. 그뿐만 아니라 한나라의 사신이나 한나라에 진상품을 가지고 가는 서역의 상인들을 습격하여 물건을 뺏고 죽이는 일까지 서슴지 않았습니다.

그래서 한나라의 조정에서는 안귀 왕을 미워하게 되었습니다.

"아니, 지금 누란 왕이 누구냐?"

황제는 화가 나서 물었습니다.

"예, 안귀라는 자입니다."

"안귀?"

황제는 눈을 부릅뜨고 말했습니다.

"어허! 괘씸한지고!"

"폐하, 걱정 마시옵소서. 신에게 좋은 계책이 하나 있나이다."

그때 신하 중의 하나가 앞으로 나서며 말했습니다. 부개자라는 신하였습니다. 부개자는 곧 한나라의 사신이 되어 누란을 향해 길을 떠났습니다. 그의 곁에는 날쌔고 험상궂은 젊은 무사 두 명이 그림자처럼 따라붙었습니다.

안귀 왕은 내심 내키지는 않았지만 마침 그들을 도와줄 흉노족이 모두 철수하고 난 뒤라 부개자를 정중하게 맞이하지 않을 수가 없었습니다.

그날 밤, 궁궐의 대청에서 사신을 환영하는 주연이 벌어졌습니다. 부개자는 젊은 무사 두 명을 데리고 이 주연에 참가하였고, 안귀 왕은 왕족과 신하들을 거느리고 주연에 나왔습니다. 안귀 왕과 부개자는 나란히 자리를 잡았습니다.

한창 주연이 무르익어 갈 무렵, 부개자는 왕에게 은밀히 드릴 말씀이 있다고 말했습니다. 그러자 안귀 왕은 별다른 의심 없이 부개자에게 귀를 기울이기 위해 몸을 옆으로 숙였습니다. 바로 그때, 부개자 뒤에 서 있던 한나라의 젊은 무사가 번개처럼 달려들어 칼로 안귀 왕의 등을 찔렀습니다.

안귀 왕은 그제야 자기가 속은 것을 알고 벌떡 일어섰으나, 이번에는 부개자의 칼에 가슴을 찔리고 말았습니다. 안귀왕은 그 자리에 쓰러졌습니다. 사방에서 비명 소리가 울려 퍼지고, 누란 왕국의 신하들이 달려왔습니다. 그러자 부개자가 재빨리 탁자 위에 올라서서 피가 뚝뚝 떨어지는 칼을 들고 커다란 소리로 호통을 쳤습니다.

"물러서라! 그 자리에서 꼼짝하지 마라! 안귀는 지금 한나라에 반항한 죄로 주살을 당했다. 이것은 황제의 명령이다. 이제 곧 한나라에서 우쇼기가 왕위에 오르기 위해 올 것이다. 그때까지 쓸데없는 소란을 피우는 자는 가차없이 사형을 시킬 것이니 모두 명심해라!"

부개자의 말에 누란의 왕족과 신하들은 벌벌 떨지 않을 수가 없었습니다.

볼모로 한나라의 장안에 가 있던 우쇼기는 형 안귀의 죽음을 전해 들었습니다. 그는 지금 자기 나라 사람들이 한나라를 얼마나 미워하고 있는지 잘 알고 있었습니다. 그는 그런 상태에 있는 자기 나라로 돌아가 왕이 될 자신이 없었습니다.

그래서 황제에게 아뢰었습니다.

"제가 지금 누란에 가서 왕이 되고자 해도 흉노족과 흉노족을 따르는 무리들에 의해 곧 죽임을 당하게 될 것입니다. 부디 제가 갈 때 한나라의 군사를 딸려 보내 주십시오. 우리 누란 왕국 남쪽에 이순이라는 지역이 있는데 그곳은 땅이 비옥합니다. 그곳에 군사들을 머물게 하면 좋을 것입니다."

한나라의 황제는 깊은 생각에 잠겼습니다.

마침내 황제는 허락을 하고 무장한 군사 수백 명을 주어 우쇼기를 호위하도록 했습니다. 그 뒤에 무서운 계책이 숨어 있을 줄은 우쇼기는 까맣게 모르고 있었지요.

한나라 군사의 호위를 받으며 장안을 떠난 우쇼기는 허시후이랑을 지나 고비 사막, 타클라마칸 사막을 가로질러 마침내 고향 누란에 도착했습니다. 예상했던 대로 누란 사람들은 우쇼기를 반기지 않았습니다. 표정도 쌀쌀맞기 짝이 없었습니다.

그런데 함께 따라갔던 한나라의 장수는 한술 더 떠서 청천벽력과 같은 명령을 내리는 것이었습니다.

"누란을 옮겨야겠소."

"예? 누란을요?"
우쇼기는 깜짝 놀라서 되물었습니다.
"그렇소. 이것은 황제의 명령이오. 당신이 말했던 그 이순 땅으로 나라 전체를 옮겨야겠소."

우쇼기뿐만 아니라 다른 모든 누란 사람들은 이 말을 듣고 어안이 벙벙해졌습니다. 그러나 황제의 명령을 거역할 수는 없었습니다.
　누란 사람들은 로프노르 호숫가의 정든 고향을 떠나 이순 땅으로 이주했습니다. 그리하여 누란은 텅텅 비게 되었습니다.

사람이 없는 빈 성에 점점 모래가 쌓여 갔습니다. 그리고 그 크고 맑던 로프노르 호수도 세월이 흐름에 따라 점점 메말라 갔습니다. 더구나 사막에는 카라브란이라는 무서운 모래 바람이 불어올 때가 종종 있거든요.

그래서 이런 노래가 있을 정도랍니다.

카라브란이여! 카라브란!
아아, 무서운 카라브란
내 고향을 뺏어 버리고
내 고향을 매몰시키고
내 처자식을 흩어지게 했네.

카라브란이여! 카라브란!
내 과수원에 모래가 산을 이루었네.
가련하고, 가련하도다!
얼마나 괴롭고 가슴 아픈가.

카라브란이여! 카라브란!
넓고 넓은 사막이

천지를 덮어 버렸네.
내 아름다운 고향이여
다시 볼 수 없구나.

'카라브란'이란 검은 모래 바람, 즉 '흑풍'이라는 뜻입니다.
그렇게 누란은 영영 모래 바람 속으로 사라지고 말았던 것입니다.

다시 살아난 전설

"정말 슬픈 이야기군요."
박동출 기자는 눈을 껌벅거리며 말했습니다.
"그런데 이천 년의 세월이 흐른 후 누란의 전설을 찾아 나선 사람이 나타났습니다."
"아니, 그 전설의 왕국을 말입니까?"
"그래요. 스웨덴의 유명한 탐험가 헤딩이라는 사나이였습니다."
"헤딩?"
"예, 그는 이 타클라마칸 사막의 유적 발굴에 미쳐 있던 사람이었습니다. 그는 몇 차례나 이 뜨거운 사막 일대를 답사하고 탐험을 했지요. 1927년, 예순두 살의 노인이었던 헤딩은 마지막으로 대대적인 서역 탐험대를 조직해 이 지역을 뒤지기 시작했습니다. 그리고 그 일대에서 부서진 집과 성터, 그리고 한나라 때 사용했던 동전과 비단옷 등을 발견하였답니다."

"와아!"

"그러나 더 놀라운 것은 거의 실물과 다름없는 그 당시의 미라를 함께 발견했다는 것입니다."

"미라?"

계속되는 이야기에 박 기자는 입을 다물지 못했습니다.

"아름다운 부인이었지요. 어쩌면 누란 왕국의 어떤 왕비였을지도 모르는 고귀한 모습을 한 부인 미라였어요."

"그래도 난 미라는 싫은데……."

박동출 기자는 눈살을 찌푸리며 말했습니다.

"하하하."

나는 웃음을 터뜨렸습니다.

"어떤 사람은 그 부인이 바로 한나라 사신 부개자의 칼을 맞고 죽은 비운의 왕 안귀의 왕비일 거라고도 하고, 또 어떤 사람은 누란의 마지막 왕 우쇼기의 왕비일 거라고도 하지만, 모두 추측일 뿐입니다."

"살았을 때는 얼마나 아름다웠을까?"

박 기자는 손을 모으며 익살스러운 표정으로 말했습니다.

"하하하, 아마 눈이 부셔서 똑바로 쳐다볼 수 없었을지도 모르죠. 어쨌든 누란의 전설이 사실이었다는 것이 증명된 셈입니다. 이천 년 동안 사막의 먼지에 묻혀 있던 그 슬픈 전설이 말이에요."

"우리가 찾아가고 있는 고선지 장군도 그런 전설 중의 하나인 셈이겠죠."

"바로 맞혔어요. 짱이에요!"

나는 박 기자를 보며 엄지손가락을 올려 보였습니다.

"우리는 그 묻혀 있는 전설을 찾아 나선 사람들이고요."

"하하하."

"하하하."

이런 이야기를 아는지 모르는지 여전히 기차는 덜컹거리며 사막길을 달려갔습니다.

5. 만리장성의 끝, 자위 관

"우와! 이 높은 성 이름은 뭡니까?"

지루한 기차 여행 끝에 우리는 한 작은 역에 내렸습니다. 택시를 타고 조금 가니까 높고 큰 성문과 긴 성곽이 나타났습니다. 성문에는 '천하웅관(天下雄關)'이라는 팻말이 붙어 있었습니다. 하늘 아래에서 가장 웅장한 관문이라는 뜻입니다.

"이것이 바로 만리장성의 서쪽 끝 자위 관(嘉浴關)입니다."

나는 지도를 펼쳐 들고 보면서 말했습니다.

"그러니까 중국 동북쪽 랴오둥에서 출발한 장성이 이곳 자위 관까지 이어져 있는 것이죠. 그런데 박 기자, 그 길이가 대충 얼마나 되는지 아십니까?"

"제가 그걸 알 리가…… 있나요?"

박동출 기자는 머리를 긁적이며 말했습니다.

"하하하! 무려 6,350킬로미터. 대충 계산해도 우리나라 서울에서 부산까지 거리의 약 열다섯 배가 되는 길이이지요. 기중기나 불도저는 말할 것도 없고, 변변한 도구조차 없었을 시대에 이런 건축물을 지었다고 한번 상상해 보세요."

"그러니까 세계 7대 불가사의 중에 제일로 꼽히는군요."

"그럼요."

"그러나저러나 금강산도 식후경이라는데 우리 어디 가서 배나 좀 채우고 들어가십시다."

박 기자가 말했습니다.

"나도 지금 그런 생각을 하고 있었어요. 아까부터 배 속에서 쪼르륵거리는 음악 소리가 흘러나오고 있었으니까."

우리는 근처에 있는 간이식당으로 들어갔습니다.

하얀 모자를 쓰고 검은 수염을 기른 위구르 사람이 경영하는 식당이었습니다. 이슬람교도인 그는 중국 사람과는 인상이 사뭇 달랐어요. 우리는 국수를 시켰습니다. 맛은 맵고 짠데 그래도 배가 고팠던 참이라 한 그릇을 순식간에 비웠습니다.

"김치 한 조각만 있어도……."

박동출 기자는 입맛을 쩝쩝 다시며 불평을 하였습니다.

사실 며칠 동안 기름지고 느끼한 중국 음식을 먹다 보니, 우리

김치와 고추장, 된장 맛이 저절로 그리워지는 것은 어쩔 수 없는 일이겠지요. 아아, 맛있는 열무김치, 총각김치, 배추김치, 깍두기, 백김치, 물김치, 갓김치……, 모두 눈앞에 아른거립니다.

그러자 어릴 적 고향 생각이 절로 났어요. 우리는 중국 차를 한 잔씩 마시고 밖으로 나왔습니다.

자위 관 위에 올라서자 남쪽으로 만년설을 두른 산이 병풍처럼 서 있는 게 보입니다. 바로 치롄 산맥입니다.

박 기자는 벌써 직업정신을 발휘하여 여기저기 사진을 찍느라고 정신이 없었습니다. 그는 언제나 커다란 사진 가방을 메고 다니지만 어디서 그런 민첩한 행동이 나오는지 사진을 찍을 때는 제비처럼 날쌥니다.

나는 그와 헤어져 혼자 성 여기저기를 돌아보았습니다. 돌로 지어진 성은 적병들이 감히 기어 올라오지 못할 정도로 높았습니다. 거기에다 성 아래는 깊이 함정이 파여 있었습니다.

그런 성벽이 두 겹으로 싸고 있으니 아무리 용감무쌍한 적이라 해도 공격할 엄두도 못 내었을 것 같았습니다.

망루에 서서 보니 서쪽으로 사막이 보였습니다. 아마 흉노니, 돌궐이니, 몽골이니 하는 북쪽 초원의 기마 민족들이 중국으로 쳐들어올 때도 저 사막을 통과했을 것입니다. 자위 관은 그들이 중국 땅으로 쳐들어오는 바로 그 통로를 가로막고 있는 위치에 서 있었기 때문에 이렇게 튼튼하게 지어졌는지도 모릅니다.

저 아래 발치에서 박 기자가 사진을 찍고 있는 게 보였습니다.

나는 시간을 한참 동안 거꾸로 돌려 먼 옛날로 돌아가 보았습니다. 상상 속의 옛날이지요.

멀리 사막 저쪽에서 뽀얀 먼지가 솟아오릅니다. 회오리바람인가? 아닙니다.

하늘을 가릴 것 같은 먼지구름에 싸여 있는 곳의 아래쪽에서 작은 물체들이 빠르게 움직이고 있습니다.

망루에 서 있던 병사는 불안한 눈빛으로 그것을 지켜봅니다.

무얼까?

뽀얀 먼지는 점점 다가옵니다.

먼지는 점점 더 하늘 높이 올라가 해를 가릴 지경입니다.

그제야 망루의 병사는 먼지구름이 토번족의 침입 때문이라는 것을 깨닫습니다.

"공격이다! 토번족의 공격이다!"

곧이어 북소리가 둥둥둥 커다랗게 울립니다. 칼과 창, 활을 든

병사들이 다급하게 성 위로 올라갑니다. 말이 히힝거리며 우는 소리도 요란합니다. 성안은 삽시간에 어수선하게 변합니다.
 "나를 따르라!"
 한 장군이 말을 타고서 일대의 군사를 이끌고 그들을 맞아 싸우기 위해 나섭니다.

그동안 토번족은 더욱 가까이 다가옵니다. 얼마나 수가 많은지 헤아릴 수가 없을 정도입니다. 그들은 모두 말을 타고 긴 창과 날이 넓적한 칼을 들었습니다. 그들이 두드리는 북과 꽹과리 소리가 요란합니다. 그뿐만 아니라 그들은 꽥꽥 이상한 소리까지 질렀습니다.

뽀얀 먼지 속에서 화살이 비 오듯이 쏟아졌습니다.

망루에 서 있던 병사는 그만 간이 콩알만 해집니다.

그때였습니다.

"쏴라!"

누군가가 우렁찬 목소리로 명령을 하였습니다. 준수하게 생긴 고구려 출신의 젊은 장군 고선지의 목소리였습니다.

그러자 병사들은 정신을 차리고 성벽에 기대어 활을 쏘기 시작하였습니다. 화살이 새카맣게 날아갑니다. 말들이 우는 소리, 아우성 치는 소리, 비명 소리……. 토번족들의 선두가 삽시간에 무너지기 시작했습니다.

성 밖 한쪽에서는 어지러운 싸움이 벌어지고 있었습니다. 망루의 병사는 쉴 새 없이 화살을 날렸습니다. 화살이 떨어지자 이번에는 근처에 있던 돌을 굴렸습니다.

얼마나 지났을까. 적들의 공격이 주춤해지면서 아우성 소리와 함께 물러가기 시작했습니다.

"이때다! 추격하라!"

고선지 장군의 명령에 성문이 열리고 당나라의 병사들이 용감하게 몰려나갑니다. 토번족은 걸음아 날 살려라 하고 달아나기에 바쁩니다. 다시 먼지바람이 뽀얗게 시야를 가렸습니다.

당시 토번족은 '송찬감포'라는 위대한 왕이 나타나 티베트 지역을 통일하고 강대한 제국을 건설했을 때입니다. 그는 티베트뿐만 아니라 파미르 지역을 장악한 뒤 사라센과 협력하면서 사실상 실크로드의 주인 행세를 하고 있었지요. 그의 세력이 얼마나 강성했던지 한때는 당나라의 수도 장안을 위협할 정도였습니다. 궁지에 몰린 당 현종은 문성 공주를 그에게 시집보내 화친을 맺기도 했습니다.

지금은 티베트가 중국의 식민지가 되어 그들의 지배를 받고 있고, 그들의 지도자인 위대한 달라이 라마는 인도로 망명하지 않을 수 없었던 것입니다. 그렇지만 일찍이 그들 역시 세계적인 제국 당나라, 사라센과 어깨를 나란히 견주었던 대제국의 주인이었음을 잊어서는 안 될 것입니다.

"김 작가님! 또 사색 중입니까?"

어느새 박 기자가 카메라를 들고 나타나서 말했습니다.

"아, 예, 잠깐 옛날 일을 상상했어요."

나는 그제야 상상에서 깨어나며 말했습니다.

"작가는 좋겠어요. 언제나 그렇게 상상의 세계로 날아다닐 수 있다니."

박 기자가 부러운 표정으로 말했습니다.

"어때요? 사진은 많이 찍었나요?"

"예, 충분히……. 그렇지만 잠깐 기다리세요. 김 작가님의 사진도 한 장 찍어야 하니까. 자, 저 먼 하늘을 바라보세요."

나는 그가 시키는 대로 먼 하늘을 바라보았습니다.

모래언덕 위 푸른 하늘에는 흰 낮달이 나뭇잎처럼 떠 있었습니다. 이젠 그 망루를 지키는 병사도 사라지고 보이지 않았습니다. 이곳에 쳐들어왔던 그 용맹무쌍한 토번족의 말소리도 들리지 않았습니다.

옛날, 이곳을 지키던 병사들은 얼마나 고향과 부모님 그리고 아내와 형제가 보고 싶었을까 생각하니 가슴이 아팠습니다.

그러자 아버지의 얼굴이 환하게 떠오르는 것이었어요.

6. 나의 아버지, 그리고 아버지의 수염

세상 사람 누구에게나 아버지가 있습니다.

그러니까 내게도 나를 사랑해 주시던 아버지가 계셨습니다.

우리 아버지는 코 밑에 멋있는 수염을 기르고 있었습니다. 아주 멋있는 수염이었죠. 어떻게 생겼냐고요? 한자로 여덟 팔 자를 써 보세요. '八' 이렇게요. 그래요. 그렇게 생긴 멋있는 수염을 갖고 계셨습니다.

그래서 아이들은 우리 아버지를 가리켜 버릇없게도 '콧수염 영감'이라고 부르기도 하고, '콧수염 땡감'이라고 부르기도 했어요. 나는 그런 아이들을 보면 무지무지하게 화가 나서 막 욕을 해 주고 싶었지요. 하지만 정작 당사자인 우리 아버지는 늘 태연하게 미소까지 지어 보이는 것이었습니다.

그럴 뿐만 아니라 우리 가게 이름도 아예 '콧수염 한의원'이라고 지어 놓으신 것이었어요.

　사랑방을 겸한 아버지의 한의원은 늘 사람들로 북적거렸습니다. 약을 지으러 오는 사람도 있었지만 대부분은 그냥 놀러 온 사람들이었어요. 그중에는 옛날 우리나라 악기인 앵금을 잘 켜는 앵금쟁이, 문종이를 팔러 다니는 종이 장수, 뜨내기 약장수, 무전여행가 등 별별 사람들이 다 있었습니다.

　나는 막내둥이로 태어났기 때문에 어린 시절을 대부분 아버지의 사랑방에서 지냈습니다. 그래서 여러 뜨내기 손님들로부터 세상의 많은 이야기를 들을 수가 있었습니다. 나는 특히 도깨비와 귀신 이야기를 좋아했답니다. 그래서 누구나 붙들고 그런 얘기를 해 달라고 졸라 대곤 했지요. 그런 나를 두고 노인네들은,

　"이놈이 이야기를 이렇게 좋아하니 장차 이야기꾼이 되겠군."

하고 말씀하시곤 했죠. 아마 내가 지금 작가가 된 것도 그때 들은 이야기들 때문인지도 모릅니다.

　그런데 어린 시절 나는 참 겁이 많았습니다. 그래서 귀신 이야기를 들은 날은 혼자 변소에도 못 가고 요에다 실례를 하는 경우가 많았어요. 무슨 말인지 다 아시겠죠? 창피하니까 더 이상은 말을 하지 않겠습니다.

　그럴 뿐만 아니라 몸이 약해서 운동하는 것을 참 싫어했습니다.

그러니 체육 시간은 정말 질색이었지요. 특히 미끄럼틀같이 높은 데를 올라가거나 그네를 탈 때면 다리가 후들후들 떨리고 눈알이 핑글핑글 돌아 급히 내려오곤 했습니다.

그런 나를 두고 우리 아버지는 안타까운 눈빛으로 늘,

"용기를 가져라. 사나이 대장부가 용기가 없으면 안 된다. 무엇이든 할 수 있다는 자신감을 가지라는 말이다. 알겠니?"

하고 말씀하시곤 했었지요.

한번은 아버지와 함께 어느 시골길을 가는데 홍수가 져서 다리가 끊어져 있었습니다. 그래서 그 위에 임시로 공사장에서 쓰는 철판을 깔아 놓은 것이었어요. 왜 구멍이 숭숭 뚫린 철판 있잖아요? 구멍 사이로 보니 누런 황토 물이 콸콸콸 소리 내어 흘러가고 있었습니다. 얼마나 세차게 흘러가는지 보기만 해도 아찔할 지경이었지요.

나는 아버지의 손을 꼭 잡았습니다. 예전처럼 아버지가 내 손을 잡고 건너가실 줄 알았거든요. 그런데 반도 채 건너기 전에 아버지가 내 손을 놓고 혼자 성큼성큼 다리를 건너가 버리시는 것이 아니겠어요? 나는 너무나 놀라 아버지를 불렀지만 아버지는 아무 대꾸도 하지 않으셨습니다.

나는 다리 중간에서 오도 가도 못 하고 서 있었습니다. 다리를 다 건너간 아버지는 그쪽 끝에 앉아서 담배를 피우고 계셨습니다. 입가에

빙그레 미소까지 띠시고서 말입니다.

"아버지, 빨리!"

나는 다급한 목소리로 외쳤습니다. 발 밑으로 지나가는 물살은 더욱 요란한 소리를 지르며 흘러갔습니다. 나는 곧 울음이라도 터져 나올 것 같았습니다.

"빨리 건너오렴. 뭘 하고 있니?"

그러나 아버지는 여전히 태연한 표정으로 말씀하셨어요.

"빨리요!"

"어허! 빨리는 네가 빨리 해라. 얼른 건너오지 않으면 아버지 혼자 갈 거야."

나는 아버지가 더 이상 도와줄 마음이 없다는 것을 알고 용기를 내지 않을 수가 없었습니다. 숭숭 뚫린 구멍으로 발이 빠지지 않게 조심하면서 조심조심 한 걸음씩 걸어 나갔습니다. 철판 구멍 사이로 흙탕물이 무섭게 흘러가는 것이 보였습니다.

"그래, 잘한다. 그래. 그래."

아버지의 목소리가 저 멀리서 들려왔습니다.

흙탕물에 뒤섞여 나뭇가지와 풀, 쓰레기까지 떠내려가는 것이 보였습니다.

"조금만 더! 힘을 내!"

아버지가 큰 소리로 외쳤습니다.

마침내 끝이 나타났습니다. 나 혼자 그 철판 다리를 건넌 것입니다. 아버지의 팔자 수염이 보기 좋게 바람에 날렸습니다. 아버지의 입가에 미소가 번져 있었습니다. 나는 아버지에게 달려가 힘껏 안겼습니다.

"장하다, 내 아들!"

아버지는 나를 번쩍 안아 주셨습니다.

"어떠냐? 용기를 가지니까 뭐든지 할 수 있잖니?"

그러나 나는 손을 잡아 주지 않았던 아버지에 대한 원망 때문에 커다랗게 울음을 터뜨리고 말았습니다.

그런 아버지였지만 아버지에게도 슬픔이 있었습니다.

우리 아버지는 어린 시절과 젊은 시절을 북한 땅에서 살다가 전쟁이 터지자 남쪽으로 혼자 피난을 떠나왔던 사람 중의 한 분이셨습니다. 말하자면 이산 가족이었던 셈이죠. 아직 내가 태어나기 전의 일이었습니다.

우리 아버지는 평소 농담도 잘하고 낙천적인 분이었지만 명절날만 되면 참으로 우울해하셨습니다. 남들은 다 즐겁게 명절을 맞이하였지만 아버지와 우리 가족만은 그렇지 못했습니다.

그날이 되면 아버지는 상을 차려 놓고 북한 땅에 두고 온 할아버지와 할머니를 향해 절을 올리고는 하셨습니다. 나는 얼굴도 모르는 할아버지와 할머니셨지만 아버지에게는 아버지와 어머니인 것입니다. 나는 그때만큼 슬픈 아버지의 얼굴을 본 적이 없습니다.

"아버지 고향은 평안도 신의주 근처란다. 물 맑고 인심 좋은 곳이지."

아버지는 가끔 꿈을 꾸듯이 말씀하시곤 했습니다.

"내가 너만 했을 때 나는 그곳에서 자랐단다. 할아버지하고 할머니하고 고모들하고 말이야."

아버지는 그들을 눈에 그려 보는 듯 잠시 말을 끊으셨습니다.

"뒷산에는 아름드리 밤나무들이 자라고 있고, 솔밭 너머에는 고구려 때 지었다는 절이 있었지. 고구려의 어느 장군인가를 기념하기 위해 지어졌다는 절이야."

그러고는 한숨을 지으며 말씀하셨습니다.

"아버지의 소원은 살아서 그 고향에 한 번 가 보는 것이란다."

그러나 아버지는 결국 소원을 이루지 못하고 돌아가시고 말았습니다. 어쩌면 죽은 영혼이 맨 먼저 훨훨 할아버지, 할머니가 계실 고향 땅으로 날아갔을지도 모릅니다. 그리고 어린 시절로 돌아가 할아버지 할머니의 품에 안겼을지도 모릅니다.

나는 지금도 그 옛날 황토 물이 무섭게 흘러가던 홍수진 개울물과 구멍이 숭숭 뚫린 철판 다리를 건너던 기억이 납니다. 그리고 인자한 모습으로 미소를 지으시던 아버지의 모습이 떠오릅니다. 바람에 날리던 팔자 수염과 함께…….

    그날 이후, 나는 놀랍게도 달라지기 시작했습니다. 내 속에 숨어 있던 용기를 깨닫게 되었던 것입니다.

    "어떠냐? 용기를 가지니까 뭐든지 할 수 있잖니?"

    아버지의 말씀이 늘 가슴속에 메아리쳤습니다.

    나는 더 이상 아버지가 손을 붙잡아 주시지 않아도 한 걸음 한 걸음 세상을 향해 용기를 가지고 걸어갔습니다.

    그리하여 마침내 고선지 장군의 유적을 찾아 이 멀고 먼 중국의 실크로드까지 왔습니다. 그 겁 많고 용기 없던 오줌싸개 소년이 말이에요.

    "어떠냐? 용기를 가지니까 뭐든지 할 수 있잖니?"

    팔자 수염의 아버지 말씀이 아직도 귓가에 들려오는 듯합니다.

7. 사막의 푸른 섬, 둔황

모가오 굴의 신비

저녁 무렵 우리는 드디어 둔황에 다다랐습니다. 약 열 시간에 걸친 길고 긴 버스 여행이 끝난 것입니다. 멀리서 보니 둔황은 마치 타클라마칸의 거대한 사막 위에 떠 있는 푸른 섬같이 보였습니다.
　죽음의 사막 위에 떠 있는 생명의 푸른 섬······.
　하얀 백양나무들이 시원한 잎사귀를 팔랑거리며 우리를 맞아 주었습니다. 그 사이로 옥수수밭과 목화밭, 보리밭이 보였습니다. 노랗게 꽃이 핀 해바라기도 줄을 지어 서 있었습니다. 저녁 햇살을 받아 황금빛으로 빛나는 도랑물도 찰랑찰랑 흘러갔습니다. 드디어 태고의 신비를 간직한 사막의 도시 둔황에 도착한 것입니다.
　우리는 작은 호텔에 방을 잡고 그날 밤 푹 쉬었습니다. 오랜 버스 여행에 너무나 지쳐 있었기 때문에 나와 박 기자는 자리에 눕자마자 금세 잠 속으로 빠져 들어 갔습니다.

다음 날.
닭 우는 소리에 잠을 깼습니다. 박 기자는 벌써 일어나 목욕을 하고 나서 카메라를 손질하고 있었습니다.
우리는 먼저 둔황에서 조금 떨어진 곳에 있는 그 유명한 모가오 굴부터 찾아보기로 했습니다. 둔황에서 차를 타고 사막길을 삼십여 분 달려가자 작은 숲이 보이고 숲 뒤로 바위산이 나타났습니다. 바위산에는 구멍이 숭숭 나 있었고 단청을 가진 높다란 건물도 보였습니다. 모가오 굴이었습니다.
"저것이 유명한 모가오 굴이군요."
박동출 기자는 벌써부터 긴장이 되는지 카메라를 만지작거렸습니다.
"그래요. 그런데 박 기자, 저 모가오 굴의 수가 몇 개나 되는지 압니까?"
"글쎄요……."
"놀라지 마세요. 줄잡아 천 개나 된다니까."
"천 개나요?"

"하하, 그래요. 그러나 지금은 그중에서 492개만 정리되어 보존되고 있어요. 그 굴마다 우리나라 석굴암처럼 부처님을 중앙에 모셔 놓고 벽과 천장에는 시대마다 다르게 그림이 그려져 있지요. 그래서 시대별로 불교 미술의 특징을 살펴볼 수 있는 불교 예술의 전시장이라 불러도 손색이 없다고 합니다."

"예……, 그런데 누가 이런 곳에 이런 굴을 팔 생각을 맨 처음 했을까요?"

"음, 그러니까……."

나는 안경을 고쳐 쓰고 책을 보며 말했습니다.

"여기에 나와 있군요. 기록에 따르면 이렇습니다. 서기 366년, 낙준이라는 스님이 둔황에 왔습니다. 그는 서울 장안에서 인도에 갔다가 수많은 고난을 겪은 다음 다시 장안으로 돌아가던 중이었습니다. 그는 둔황에 머물면서 많은 설법을 펴고 또 인도에서 가져온 불경들을 정리하기도 했지요. 당시 둔황 태수는 독실한 불교 신도였기 때문에 낙준 스님을 극진히 모셨습니다. 그는 낙준 스님이 장안으로 돌아가지 말고 오랫동안 이곳 둔황에 머물러 있어 주길 바랐습니다.

그러나 낙준 스님은 하루빨리 장안으로 돌아가고 싶어 했습니다. 그는 빨리 장안으로 돌아가 불경을 널리 펴고 싶었던 것이지요.

아무리 둔황 태수가 붙잡아도 낙준 스님의 결심을 돌이킬 수가 없었습니다.

　드디어 낙준 스님이 떠날 날이 다 되었습니다. 바로 그 전날 밤이었습니다. 낙준 스님이 잠을 자는데 꿈속에서 관음보살이 나타나 손에 들고 있던 버들가지로 멀리 한쪽을 가리키는 것이었어요. 사막 저쪽 언덕 어디 같았습니다. 그러고는 연기처럼 사라져 버렸습니다. 잠에서 깬 낙준 스님은 급히 밖으로 나가 보았습니다. 그런데 바로 이곳, 지금의 모가오 굴이 있는 모래산 너머에 이상한 빛이 서리어 있는 것을 발견했습니다.

　아침이 되자 낙준 스님은 태수에게 말해 말과 종자 몇을 데리고 이곳으로 달려왔습니다. 그러나 이곳에는 아무것도 없었습니다. 그러자 그는 무언가 크게 깨닫고는 장안으로 돌아가는 것을 포기하고 이곳에 굴을 파기 시작했습니다.

　그것이 이 모가오 굴이 생기게 된 시초가 되었던 것입니다."
"햐! 그런 사연이 있었군요."
"그 이후 수많은 스님과 화가들이 이곳으로 와서 자기들 나름대로 굴을 파고 불상을 세우고 그림을 그려 오늘날같이 되었지요."
내 이야기를 들은 박동출 기자는 잠시 아득한 옛날로 돌아간 것처럼 눈을 가늘게 떴습니다.

"그런데 박 기자님, 더욱 신기한 이야기를 하나 더 들려줄까요?"

"더욱 신기한 이야기요?"

"예."

"이야기해 보세요."

"인도까지 갔던 우리나라 신라의 유명한 스님 이야긴데……."

"인도까지 간 신라 스님 이야기라……? 혹시 혜초……."

"아, 정확히 맞혔어요. 그 혜초 스님이 쓴 책 이름을 아세요?"

"〈왕오천축국전〉!"

"딩동댕! 또 맞혔어요. 그러나 그 〈왕오천축국전〉이 발견된 곳이 바로 이 모가오 굴이라는 사실은 몰랐을 거예요."

"그게 사실인가요?"

박 기자는 눈을 동그랗게 뜨며 되물었습니다.

"하하하, 믿기 어려우시죠? 그러나 엄연한 사실입니다. 그러니까 어쩌면 까마득한 옛날 우리나라 신라의 혜초 스님도 이곳을 다녀갔을지도 모른다는 이야기죠."

버스는 벌써 모가오 굴 입구에 섰습니다. 우리는 표를 끊어 안으로 들어갔습니다. 모가오 굴 앞으로 작은 개천이 지나가고 있었고 나무도 제법 눈에 띄었지만 그 둘레는 온통 검고 흰 모래산뿐이었습니다.

굴은 여러 개였지만 대부분 문이 잠겨 있었고, 관광객에게는

〈왕오천축국전〉이 발견된 모가오굴

그중에서 몇 개만 보여 주었습니다. 많은 사람이 들락거리게 되면 자연히 안에 있는 불상과 그림이 많이 훼손되기 때문일 것입니다. 그 많은 굴을 다 살펴보자면 한 달은 족히 걸릴 거라고 안내자가 말했습니다.

우리는 혜초 스님의 〈왕오천축국전〉이 발견되었다는 16번 굴과 17번 굴, 그리고 세계에서 네 번째, 중국에서는 두 번째로 큰 55번 굴을 둘러보았습니다.

굴을 다 둘러보고 나오니 바람이 불고 있었습니다. 고운 모래가 바람에 날려갔습니다. 나는 백양나무 그늘 밑에 앉아 그 옛날 이곳에서 굴을 파고 그림을 그리고 불상을 만들었던 사람들을 생각해 보았습니다. 그들은 왜, 무엇 때문에 이런 곳에서 그런 일들을 했을까요?

참으로 생각하면 할수록 수수께끼 같은 일이 아닐 수 없었습니다.

밍사 산에서 — 사막의 밤과 별

이 책의 앞부분에서 나는 내 친구인 시인 재구의 이야기를 한 적이 있습니다. 그는 세상을 많이 떠돌아다녔다고 했지요? 그리고 그에게서 사막 이야기를 들은 이야기도 해 드렸습니다.

그때 그는 내게 이렇게 말했습니다.

"……사막에서 하룻밤을 묵었지. 아니 여러 날을 사막에서 묵었는데, 바로 그런 날 중의 하나야. 밤에 오줌이 마려워서 집 밖으로 나왔지. 버스째로 머무는 여관집이야. 아주 허름했지. 사막의 사람들은 대부분 가난하니까……. 그런데 거기서 내가 본 게 뭔지 알아?"

"……."

"별이었어."

"별?"

"그래, 별이었어. 아니, 별바다였어."

"……."

"사막의 밤은 아주 추웠어. 나는 덜덜 떨면서 오줌을 누다가 머리 위를 온통 뒤덮고 있는 별들을 보았지. 얼마나 많은 별들이 빛나는지 말 그대로 별바다였어. 오줌을 누는 동안 나는 그 깊은 바다 속으로 빨려들어 가는 듯한 기분이 들 정도였어."

"……."

"그때 나는 알았지. 우리들이 살고 있는 이 세상의 바깥에 얼마나 큰 또 다른 세상이 있는가를!"

"……."

"그에 비하면 우리는 바닷가의 모래알에 지나지 않아. 그게 바로 우주야."

"……."

"나는 사막의 밤에 바로 그 우주를 본 거야."

아아, 사막의 별과 우주……. 얼마나 기가 막힌 이야깁니까?

그때부터 내 소원이 사막으로 가는 것이라는 것도 이야기했습니다. 사막의 밤에 그 우주를 보고 싶은 것이 나의 꿈이자 희망이었다는 사실도 말했지요.

둔황의 그날 밤, 나는 드디어 그 소원을 이루게 되었습니다. 모가오 굴에서 돌아온 그날 저녁이었어요. 호텔로 돌아온 우리는 일찌감치 저녁을 먹고 차를 타고 둔황 근처에 있는 밍사 산(鳴沙山)으로 갔습니다. 밍사 산은 모래로 된 거대한 산입니다. 모래는 모래라도 너무나 곱고 가는 모래로 된 산입니다. 그래서 이곳 밍사 산에 올라가 보지 않고서는 그 누구도 둔황에 갔다 왔다고 할 수가 없을 것입니다. 특히 그곳에서 보는 저녁노을은 아름답기로 소문이 나 있었어요.

차에서 내린 박 기자와 나는 다시 낙타를 타고 갔습니다. 건들거리는 낙타 등에 타고 있으니 조금 겁은 났지만 재미있었습니다.

가까이 가자 모래산은 더욱 커졌습니다. 정말 돌멩이 하나 없고, 풀 한 포기 나무 한 그루 없는 문자 그대로의 모래산이었습니다.

산 발치에 이르러 우리는 낙타에서 내려 걸어 올라가지 않으면 안 되었습니다. 발이 모래 속으로 푹푹 빠졌습니다. 모래가 얼마나 고운지 손에 담자 어느새 손가락 사이로 빠져나가 버릴 정도였습니다.

산등성이를 따라 사람들이 개미처럼 줄을 지어 올라가는 게 보였습니다. 박 기자는 커다란 카메라 가방을 메고 땀을 뻘뻘 흘리며 앞서 올라가고 있었습니다. 그는 정말 자기 일에 열심인 사람이었습니다. 그의 뒤뚱거리는 엉덩이를 바라보는데, '자기 일에 열심인 사람만큼 아름다운 사람이 또 있을까?' 하는 생각이 들었습니다.

나는 그와 함께 하는 이 여행길에 깊은 감사를 드렸습니다. 만일 혼자 이 멀고 먼 사막길을 와야 했다면 얼마나 외롭고 쓸쓸했을까요?

드디어 밍사 산 정상에 도착했습니다.

아득하게 지평선이 보였습니다.

지평선 저쪽에서 시원한 바람이 불어왔습니다.

가는 모래가 바람에 쓸려 가만히 날려갑니다. 가만히 귀를 기울이고 있으면 모래가 우는 소리가 들린다고 합니다. 그래서 중국 말로 '모래가 우는 산'이라는 이름이 붙었는지도 몰랐습니다.

저녁노을이 아름답기로 소문난
'모래가 우는 산' 밍사산

멀리 둔황 시가 보였습니다. 박 기자가 배낭에서 마실 것을 꺼내어 함께 마셨습니다.

조금 지나자 드디어 해가 지기 시작했습니다. 사막에서 보는 일몰은 마치 커다란 새가 날개를 접는 것처럼 웅장하고 아름답습니다. 우리는 그 커다란 날개에 안긴 작은 새끼 새들 같았습니다.

산그림자에 막 덮이기 시작하는 모래산은 부드럽고 신비한 곡선을 그리고 있었습니다. 박동출 기자는 사진기자의 직업 정신을 발휘하여 그 아름다운 일몰을 찍느라고 정신이 없었습니다.

그러나 사막의 일몰은 아주 짧은 순간에 지나가고 말았습니다. 그러고는 어두운 밤의 장막이 내리기 시작하는 것이었습니다. 마치 하늘 위쪽에서 땅 아래로 커다란 커튼을 내리는 것 같은 밤의 장막이었습니다.

"별이야."

나는 혼자 중얼거리듯이 말했습니다.

별……. 사막의 별…….

어린 왕자의 별이기도 하고, 내 친구 시인 재구의 별이기도 하고, 또 내 가슴속의 오랜 별이기도 하던 그 사막의 별이었습니다.

드디어 나는 사막에서 그 꿈에도 그리던 별을 보게 되었던 것입니다. 별은 등불처럼 우리의 머리 위에 하나 둘 불을 밝히기

시작했습니다. 박동출 기자도 내 곁에 가만히 앉아 함께 별을 바라보았습니다. 하늘이 어두워질수록 별은 점점 밝아지고 또 많아졌습니다.

   나는 언젠가 혼자 가출을 해 경주에 가서 분황사 탑 밑에 쪼그리고 앉아서 보았던 그 별을 생각했습니다. 그때 보았던 별이나 지금의 별은 다 같을 것입니다. 그런데 나는 이렇게 달라져 어느새 어른이 되어 저 별을 바라보고 있었어요.

   사막의 하늘은 넓고도 넓었습니다. 그 넓고도 넓은 하늘이 어느새 별들로 가득 채워지고 있었습니다. 하늘 가운데로 강처럼 흘러가는 은하수도 뿌옇고 뚜렷하게 그림을 그렸습니다. 마침내 하늘은 수억, 수천억의 별들로 채워졌습니다. 그것은 너무나 거대하고 위대한 모습을 하고 있었습니다.

   "저게 우주야."

   나는 나도 모르게 조그맣게 말했습니다.

   나도 이제 그 누군가에게 "사막의 밤에 우주를 보았다."고 말할 수 있게 된 것입니다.

뜸북 뜸북 뜸북새
논에서 울고

뻐꾹 뻐꾹 뻐꾹새
숲에서 울 제

  어느샌가 박동출 기자가 〈오빠 생각〉이라는 노래를 혼자 흥얼거리고 있었습니다. 나도 따라 불렀습니다. 그 노래를 부르는 동안 왠지 나도 모르게 눈물이 촉촉하게 배어 올랐습니다.

8. 투루판의 후오이옌 산과 카오창 고성

자위 관, 안시, 둔황을 지나온 우리는 이제 북서쪽으로 향했습니다.
다음에 갈 예정지는 투루판이라는 곳입니다. 투루판은 둔황에서
다시 버스를 타고 사막길을 이십여 시간 달려가야 합니다. 꼬박
하루를 버스를 타고 가야 하는 곳입니다.

둔황에서 서쪽으로 가면 그 옛날 유명한 관문이었던 옥문관도
나오고 그 길을 쭉 따라가면 앞에서 이야기했던 전설 속의 왕국 누란도
나오지만 지금은 모두 폐허가 된 지 오랩니다.

버스는 타클라마칸 사막길을 가로질러 난 아스팔트 길을 따라
지겹도록 달려갔습니다. 가다가 쉴 만한 곳도 없었기 때문에 두
사람의 운전사가 교대로 운전을 하곤 했습니다. 사막은 돌투성이
벌판과 꺼먼 산, 황무지로 이루어져 있었습니다. 물론 시원한
나무숲이나 풀은 전혀 보이지 않았습니다.

나와 박 기자는 물론이고 승객의 대부분은 마치 타임 캡슐에 탄 사람처럼 계속 잠을 잤습니다. 창문 틈새로 타는 듯한 열풍이 입술을 바싹바싹 태우며 불어왔습니다. 이 길을 말을 타거나 걸어갔을 옛날 사람들을 생각하면 얼마나 고생이 심했을지 지금은 짐작할 수도 없겠죠.

사막에 해가 뜨고 또 해가 졌습니다. 새벽에 출발한 버스는 그렇게 꼬박 하루를 달려 밤 열두 시가 다 되어서야 투루판에 도착했습니다.

투루판 시내로 들어가자 우리는 이렇게 달려온 우리의 고생이 결코 헛되지 않았다는 것을 금세 깨달을 수가 있었습니다. 투루판은 도시 전체가 포도나무로 뒤덮여 있었습니다. 포도나무 가로수에는 향기로운 포도들이 주렁주렁 매달려 있었습니다.

박 기자는 벌써 입이 함박만 해졌습니다.

"우와! 내가 좋아하는 포도다!"

"박 기자, 그러나 가로수의 포도를 함부로 따 먹으면 안 돼요."

나는 웃으면서 팻말을 가리켰습니다. 그곳에는 함부로 포도를 따 먹는 사람에겐 따끔한 벌금을 물린다는 글이 적혀 있었습니다.

"이키! 큰일 날 뻔했군."

"하하하."

투루판은 포도 외에도 유명한 후오이엔 산과 자오허 고성, 카오창 고성 같은 고성들이 있습니다. 그리고 지표면이 바다보다 낮은 분지이기 때문에 엄청나게 더운 곳이기도 하지요. 어쨌든 구경은 내일 하기로 하고 우리는 먼저 호텔부터 잡았습니다. 하루 종일 사막길을 달려오느라 몸이 물에 담근 솜처럼 무거워서 씻고 자리에 눕자마자 박 기자도 나도 깊은 잠에 빠져 들고 말았습니다.

다음 날 아침, 눈을 뜨자마자 박 기자와 나는 그 유명한 후오이엔 산(火焰山)부터 찾아가 보았습니다. 후오이엔 산이 왜 유명하냐고요? 그야 물론 현장 법사와 손오공 때문이지요. 〈서유기〉에 보면 현장 법사는 불교 경전을 구하러 인도로 가면서 손오공과 저팔계, 사오정을 데리고 이곳을 지나가게 됩니다. 그런데 바로 앞에 불길이 활활 타는 산이 가로막고 있는 것이었어요.

"아니, 웬 불산이람?"

손오공이 약이 올라 구름을 타고 가 보았습니다. 그런데 그 불은 보통 불이 아니었습니다. 불길이 얼마나 세었던지 하늘까지 닿아 있었던 것입니다.

"이건 틀림없는 요괴 짓이야."

손오공은 눈을 크게 뜨고 보았습니다.

그러자 불길 속에서 낄낄거리며 웃고 있는 요괴가 보였습니다. 그 산에 자리를 틀고 있는 불의 요괴가 불길을 일으키고 있었던 것입니다.

손오공은 여의봉을 휘두르며 그 요괴에게 달려들었습니다.

현장법사와 손오공을 가로막았던 불산
후오이에 산

"어럽쇼? 요 원숭이가?"

그러나 불의 요괴는 더욱 큰 불길을 일으켜 손오공을 물리쳐 버렸습니다.

아무리 해도 그 산을 지나갈 수가 없자, 현장 법사가 손오공에게 말했습니다.

"오공아, 안 되겠다. 저 하늘나라에 올라가서 칠선 공주에게 부채를 좀 빌려 오너라. 그 부채라야 저 불길을 잡을 수 있을 것 같구나."

손오공은 구름을 타고 하늘로 올라가서 관세음보살님께 말하고 부채를 빌려 왔습니다. 그 부채는 신선들이 부치는 신통한 부채였어요. 그 부채로 바람을 일으키자 순식간에 불길이 잡히고 현장 법사 일행은 다시 길을 갈 수 있게 되었다는 이야깁니다.

"정말 불꽃이 활활 타는 모양이네요."

후오이엔 산 발치에서 차에서 내린 박 기자가 말했습니다. 그의 말대로 후오이엔 산은 정말 불길이 활활 타는 모양으로 생겼습니다. 바위는 온통 붉은색으로 불길이 하늘로 올라가듯이 주름이 잡혀 있었습니다.

"정말 자연이 만들어 낸 예술이군요."

나 역시 나도 모르게 감탄사를 터뜨렸습니다. 그러나 그 신기한 모양을 오래 보고 있자니, 그 산은 금세 활활 타는 불길이 되어 그 속에서 불의 요괴가 낄낄거리며 웃고 있는 듯한 착각이 들었습니다.

인도로 불교 경전을 구하러 가던 스님들은 물론이고 서역 정벌에 나선 병사들도 이 산 밑을 지나며 저 불꽃처럼 이글거리는 산을 바라보았을 것입니다.

그중에는 고선지 장군도 있었을 테지요. 백마를 타고 모자에 꿩의 깃털을 단 고구려 출신의 장군……. 그는 이 산을 바라보며 무슨 생각을 했을까요.

후오이엔 산을 구경하고 나서 다음에는 카오창 고성(高昌古成)을 구경하러 갔습니다. 옛날 이곳 투루판에는 카오창이라는 작은 왕국이 있었습니다. 그 나라의 왕인 국문태가 당나라와 대항하다가 패배하여, 왕과 신하들이 모두 포로가 되어 서울 장안으로 끌려가고 나라는 망하고 말았습니다. 그 뒤로 성은 텅텅 비고 세월이 감에 따라 사람들의 발길도 끊어졌던 것입니다.

흙으로 지어진 성안에는 당시의 건축물들이 온전한 모양을 알아볼 수 없을 정도로 허물어진 채 흩어져 있었습니다. 지금은 관광객들만 오가는 이 길을 예전에는 말이나 낙타를 탄 병사들이 뽀얗게 먼지를 날리며 오고갔을 것입니다.

일찍이 이곳은 톈산 남로와 북로가 나뉘는 지점으로 한창 번성할 때는 당의 서역 경영의 중심인 안서도호부가 자리 잡고 있었지요. 그 후 안서도호부는 그곳에서 더욱 먼 서쪽의 쿠처라는 곳으로 이동하였는데 어린 고선지는 아버지를 따라 그곳에서 자라났던 것입니다.

고성의 높은 곳에 올라가니 멀리 시야가 탁 트였습니다. 고요한 사위 어디선가 병사들의 고함 소리와 낙타 발굽 소리가 울려나오는 것 같았습니다.

그곳에서 다시 차를 타고 자오허 고성(交河古城)으로 갔습니다. 투루판은 서역의 중요한 요지이기 때문에 오래된 성터가 많지만 모두 흙으로 지어졌기 때문에 세월의 풍상을 견디지 못하고 대부분이 허물어진 채 자취만 남아 있을 뿐이었습니다.

자오허 고성 역시 이제는 그저 거대한 흙더미만 남아 있었지만

서역 경영의 중심인 안서도호부가 있었던
카오창 고성

세계 문화 유산 보존 지역으로 지정된
자오허 고성

땅속을 파서 조각한 그 특이성 때문에 유네스코에서 세계 문화 유산 보존 지역으로 지정하여 보호하고 있다고 합니다.

그렇게 다 둘러보고 나니 날은 덥고, 목은 마르고, 다리도 아팠습니다.

"김 작가님, 이제 좀 쉬었다가 가죠."

"하하하, 어지간히 지친 모양이군요. 사실 이제 취재도 대충 끝났습니다. 나는 이곳 역시 고선지 장군을 비롯한 원정대가 머물렀던 곳이라는 생각이 들어 유심히 살폈습니다. 그의 호흡을 좀 더 가까이 느껴 보기 위해서였죠."

"그의 호흡이 아니라 내 땀냄새가 더 지독할걸요."

박동출 기자는 투덜거리듯이 말했습니다.

"하하하, 미안 미안. 그 대신 내가 맛있는 투루판 포도를 사 드리지요."

나는 근처 길가에서 파는 포도를 한 광주리 사 왔습니다. 초록색 청포도였습니다.

"자, 박 기자가 좋아하는 청포도요. 실컷 드세요."

그제야 박 기자의 얼굴에 웃음이 떠올랐습니다. 우리는 길가의 나무 그늘에 앉아 포도를 먹었습니다. 소문대로 포도는 아주 달고 맛이 있었습니다.

"이 타클라마칸 사막 한가운데서 이렇게 맛있는 포도를 먹을 수 있다니……."

박 기자는 감탄을 터뜨렸습니다.

"그럼요. 놀라운 일이지요. 이 포도를 가꾸기 위해 이곳 사람들은 톈산의 지하수를 끌어온다는군요."

"톈산에서요?"

"그래요. 톈산에서 이곳까지 땅 밑으로 수천 킬로미터를 파서 물길을 만들었다는군요."

"우와!"

"아무튼 인간의 힘이란 정말 믿기 어려울 정도지요."

"그러나저러나 이제 우리가 가야 할 길이 얼마나 남았어요?"

박 기자는 걱정스러운 표정으로 말했습니다.

"이제 집 생각이 나는가 보군요. 하긴 나도 향수병이 좀 든 것 같긴 해요. 하지만 조금만 더 참으세요. 이제 곧 우루무치로 가서 톈산을 보고 고선지 장군이 자랐던 쿠처, 그리고 끝으로 파미르의 입구인 카슈가르로 가면 되니까. 그곳이 우리 여행의 종착역이 될 겁니다."

나는 그를 격려하듯이 말했습니다.

"후유! 정말 멀고도 먼 길이군요."

박 기자는 한숨을 쉬었습니다.

"그래요. 정말 먼 곳이죠. 이 멀고 먼 곳으로 고구려의 후예들이 와서 살았다는 걸 생각하면 왠지 가슴이 찡해 오지 않아요?"

"어휴, 이 멀고 먼 사막까지······."

우리는 이런 이야기를 주고받으며 나무 그늘에 앉아 오래간만에 평화롭게 포도도 먹고 시원한 물도 마시며 쉬었습니다. 멀리 푸른 하늘에 흰 구름이 한가롭게 떠 있었습니다.

9. 톈산 산맥과 천리마

천리마를 타고 다니던 고선지 장군

다음 날, 우리는 일찍이 버스를 타고 우루무치를 향해 떠났습니다. 우루무치는 신장웨이우얼 자치구의 성도이죠. 중국의 성 하나가 우리나라보다도 더 크니까, 우리나라로 치자면 수도 서울과 맞먹는 셈입니다. 타클라마칸 사막 속에 있는 가장 큰 도시예요.

우루무치에는 중국의 한족뿐만 아니라 위구르 족, 만주족, 하자크 족 등 수많은 소수 민족들이 모여 살고 있습니다. 그래서 일종의 인종 전시장이라 불러도 무방할 정도입니다. 종교도 대부분이 이슬람교를 신봉하고 있습니다.

투루판에서 우루무치로 가면서 보니까 멀리 북쪽에 흰 눈을 머리에 인 산맥이 가로막고 있는 것이 보였습니다. 푸른 하늘 높이 벽처럼 가로막고 서 있는 산맥이었습니다.
"저 산맥이 바로 톈산 산맥이군요."
나는 지도를 보며 박 기자에게 설명을 해 주었습니다.
"톈산 산맥?"
"그래요. 톈산 산맥. 말 그대로 하늘과 맞닿아 있다는 뜻이에요. 그만큼 높은 산이란 뜻이지요. 그 옛날에 저 톈산에는 번개보다 더 빠르고 바람보다 더 날쌘 말들이 있었대요. 그 말을 천리마, 혹은 한혈마라고 불렀습니다. 중국의 황제들은 누구나 그 말을 가지고 싶어 했지요. 그런 말을 타고 달린다면 아무도 당할 자가 없을 테니까요."
"천리마라, 이름부터 벌써 다른데요?"
"그런데 우리 고선지 장군이 타고 다니던 말이 바로 그 천리마였다는군요."
"아니, 그것을 어떻게 알았나요?"
"하하하. 당대 제일의 시인 두보가 쓴 시에 고선지 장군의 말에 대한 이야기가 나오거든요."
나는 웃으면서 말했습니다.
"두보는 장안에 온 고선지 장군의 말을 보고 그 씩씩하고 당당한 모습에서 사막을 누비던 장군의 모습을 연상하게 되었지요. 그 말은 아무나 탈 수 있는 말이 아니었거든요. 그 시를 보면 당시 고선지 장군이 얼마나 훌륭한 장군이었나를 짐작해 볼 수 있답니다."

"그럼, 지금도 저곳에 가면 천리마를 볼 수가 있습니까?"

박 기자가 궁금한 표정으로 말했습니다.

"나도 그랬으면 좋겠습니다만……."

"아아, 나도 그때 태어났더라면 천리마를 타고 달리는 박동출 장군이 되었을 텐데……."

박 기자는 익살맞은 표정으로 말했습니다.

"천리마가 웃겠어요."

"하하하하."

"하하하하."

우루무치는 투루판과 가까웠기 때문에 두세 시간 만에 도착했습니다. 길가에 지붕이 둥근 이슬람교 사원들이 보이고, 흰 모자를 쓴 위구르 족 노인들도 보였습니다. 둔황을 지나면서 얼굴이 서양식으로 생긴 위구르 족들이 눈에 많이 띄기 시작한 것입니다. 그들은 중국과는 말도 다르고 문자도 다른 것을 사용하고 있습니다.

거리에는 높은 빌딩들이 줄을 지어 서 있었고, 공장도 많았습니다. 거리가 차와 사람들로 북적거렸지만 활기에 차 있는 듯한 모습이었습니다.

우리가 도착할 때쯤에는 비가 부슬부슬 내리고 있었습니다.
가로수가 우거진 오래된 거리가 비에 젖고 있었습니다. 음식점에서
맛있는 만두 냄새가 났습니다. 나와 박 기자는 배가 무척 고팠기
때문에 구경이고 뭐고 다 그만두고 식당 안으로 뛰어들어갔습니다.

그곳에서 톈산까지는 버스를 타고 다시 세 시간을 더 가야
했습니다. 사막길을 달려가다가 산밭치에서부터 꼬불꼬불한 계곡길로
접어들었습니다. 계곡물이 커다랗게 소리를 내며 세차게
흘러갔습니다. 군데군데 호양나무들이 서 있었습니다.
"말이다!"
그때 박 기자가 말했습니다. 창밖을 내다보니 과연 하자크 족들이
말을 타고 달려가는 게 보였습니다. 이곳 사람들은 노인이나 아이나
할 것 없이 모두 말을 잘 탄다고 합니다. 정말 열서너 살밖에 안 돼
보이는 한 하자크 족 소년이 자기 키보다 서너 배나 더 큰 말을 타고
겁도 없이 달려가는 게 보였습니다. 아마 그들의 조상은 저렇게 말을
타고 초원을 누비고 다녔을 것이 틀림없었습니다.
산허리 평평한 곳을 보니 그들이 살고 있는 천막집이 보였습니다.
그리고 양 떼도 보였습니다. 그들은 모두 수천 년 전부터 양고기와
양젖을 먹고, 양가죽으로 천막집을 만들고 옷도 지어 입었을 것입니다.

텐산의 보고타 봉 아래로 커다란 호수가 보였습니다. 이곳 사람들은 우리나라 사람들이 백두산에 있는 호수를 '천지'라고 부르는 것처럼 이 호수를 '천지'라고 부릅니다.

그때 하자크 족 사람 하나가 와서 자기 말을 타라고 꾀었습니다. 물론 돈을 내야 하지요. 내가 약간 무서워서 타지 않겠다고 하자, 나 대신 우리의 용감한 박동출 기자가 말 위에 올랐습니다.

"어흠, 나 어때요?"

말에 탄 박 기자가 장군 흉내를 내며 말했습니다. 그때 말이 히힝 하더니 갑자기 달리기 시작하는 것이 아니겠어요?

"사람 살류!"

박동출 기자가 비명을 질렀습니다.

그때 말 주인인 하자크 족 남자가 재빨리 달려가서 말고삐를 잡았습니다.

"후유, 하마터면……. 십년감수했네."

말에서 내려온 박동출 기자는 고개를 절레절레 흔들며 말했습니다.

"하하하. 박동출 장군님, 아주 멋있던데요?"

"놀리지 마세요."

내 말에 박 기자는 손을 흔들며 말했습니다.

"하하하하."

톈산의 천막집 풍경

"그러나저러나 여기가 톈산이라면 저 말이 천리마가 틀림없겠지요?"

"그럴 겁니다. 적어도 그 후손들이거나……."

나는 푸른 천지 호수를 한 번 둘러보며 말했습니다. 하늘에서는 양고기의 냄새를 맡은 솔개들이 꽥꽥 이상한 소리를 내며 날아다니고 있었습니다.

우리는 그날 밤을 하자크 족의 천막 하나를 빌려 보냈습니다. 이제 이 길고 험한 여행길도 끝이 다가오고 있었습니다. 밤에 텐트 밖으로 나가 보니 둔황의 밍사 산의 밤과는 비교도 되지 않을 만큼 많은 별들이 톈산 위에 떠 있었습니다. 그 별을 보고 있는 동안 나는 내 몸이 둥둥 우주 속으로 떠가는 듯한 기분이 들었습니다.

멀리 어둠 속에서 말 우는 소리가 들렸습니다.

아마 그 말 역시 잠이 오지 않았던가 봅니다. 먼 옛날의 이 밤, 고선지 장군 역시 혼자 잠 못 이룬 채 병영 밖에 앉아 지금의 나처럼 별을 보고 있었을지도 모릅니다. 그는 저 별을 보며 무슨 생각을 했을까요?

아버지 고사계에게서 들은 잃어버린 조국 고구려도 생각했겠지요. 그리고 두고 온 아내와 아이들도 생각했겠지요.

어린 시절을 보냈던 쿠처의 푸른 목화밭도 생각했겠지요.

10. 고선지 장군이 어린 시절을 보냈던 쿠처

텐산에서 내려온 우리는 다시 털털거리는 버스를 타고 쿠처를 향해 떠났습니다. 낡은 의자에는 짐이랑 사람들이 빈틈없이 차 있었습니다. 차는 금방 사막길로 접어들었습니다.

갑자기 검은 구름이 몰려오더니 차창에 뚝뚝 굵은 빗방울을 떨어뜨리기 시작했습니다. 그러나 운전사는 윈도브러시를 작동하여 빗물을 닦아 낼 생각도 하지 않았습니다.

사막에 내리는 비…….

정말 상상이나 했겠어요?

비는 금세 그쳤지만 잠시 동안이나마 사막의 열기에 젖은 마음을 씻어 주었습니다. 저 멀리 사막 너머로 낙타 대신 기차가 달려가는 것이 보였습니다. 마치 장난감처럼 아련합니다. 불에 그을린 듯한 바위산이 사막 저쪽에 펼쳐져 있었습니다.

나무 한 그루 풀 한 포기 보기가 힘들어집니다. 어딜 가나 푸른 나무와 푸른 풀들이 우거져 있는 우리나라 산천과는 딴판입니다. 예전부터 우리나라를 삼천리 금수강산이라고 했다는데 이제야 그 말 뜻을 이해할 수 있을 것만 같았습니다. 그리고 우리 산천의 고마움을 깨달을 수 있을 것 같았습니다.

그런데도 지금까지 우리는 우리 자연을 얼마나 괴롭히고 있습니까. 아무 데나 쓰레기를 버리고 공해 물질을 흘려 산과 강, 바다가 모두 몸살을 앓고 있으니 말이에요. 그런 사람들을 모두 데려와 시원한 강은 물론 풀 한 포기 없는 이곳 사막에서 한 보름만 살게 해 주면 어떨까 하는 생각이 들었습니다.

벌써 버스는 사막 가운데 아스파트 길을 몇 시간째 달리고 있습니다. 지나가는 차도 아주 드물어서 거의 눈에 띄지 않습니다. 사방을 둘러보아도 지평선밖에 보이지 않았습니다.

일곱여 시간을 달려 버스는 마침내 커다란 오아시스 도시에 도착했습니다.

"이곳이 쿠처군요."

나는 지도를 바라보며 말했습니다.

"그러면 이곳이 바로 고선지 장군이 태어나 자랐다는 바로 그곳입니까?"

박 기자가 창밖을 내다보며 말했습니다.

"바로 맞혔어요."

나는 고개를 끄덕이며 말했습니다.

"예전에는 이곳에 안서도호부가 있었지요. 그래서 고선지 장군이 자랄 때는 이곳을 안시(안서 : 安西)라고도 불렀지요."

"그런데 참, 도호부가 뭡니까?"

박 기자가 궁금한 표정으로 물었습니다.

"중국은 땅덩이가 워낙 크잖아요. 그래서 중앙에서 멀리 떨어진 곳을 다스리기 위해 두었던 변방의 관청이지요. 주로 군대가 주둔하고 있었어요."

"그러니까 이곳이 군사적으로 그만큼 중요한 지역이었다는 뜻이군요."

"그렇죠. 이곳은 톈산 산맥의 중간에 자리 잡고 있기 때문에 톈산 남로를 지날 땐 반드시 통과해야 했던 교통의 중심지였어요. 한창 때는 이곳을 지키는 병사들만 해도 삼만 명이나 되었을 정도니까요."

나는 웃으면서 말했습니다.

그러나 지금의 쿠처는 아주 한적한 변방의 시골 도시에 지나지 않았습니다.

고선지가 어린 시절을 보냈던
쿠처로 가는 길에 보이는 **톈산**

버스가 거리 어딘가에 멈추어 섰습니다. 오랜 여행에 지친 승객들은 화장실에 가거나 바람을 쐬기 위해 버스에서 내렸습니다. 나와 박 기자도 카메라를 챙겨 밖으로 나왔습니다. 마침 시장이 열렸는지 거리 한쪽이 시끌벅적했습니다.

희고 검은 양을 파는 사람, 수박 참외처럼 생긴 하미과, 포도, 옷, 생활용품 등을 늘어놓고 손님을 부르는 소리가 꼭 우리나라 시골 장터 같았습니다. 거리의 이발사는 거울 하나를 걸어 놓고 바리캉으로 사람들의 머리를 밀고 있었습니다.

나는 이 어딘가에 고선지 장군의 숨결이 서려 있을 것만 같은 생각이 들어 이곳저곳을 기웃거렸습니다. 천오백 년이라는 긴 시간을 넘어 우리의 옛 조상 고구려인의 냄새를 맡을 수 있다는 것이 어쩐지 꿈만 같았습니다.

고선지의 아버지 고사계는 고구려가 나당 연합군에 의해 망하자 중국으로 건너와 이곳 쿠처에 자리를 잡았습니다. 고구려 무인의 피를 이어받은 고사계는 중국에 건너와서 여러 전투에서 적들을 물리친 공로로 장교가 되었습니다.

그러나 쿠처에는 한족을 비롯하여 여러 민족이 뒤섞여 살고 있어서 서로를 질시하고 깔보았습니다. 특히 중국 민족의 대부분을 차지하는 한족들은 다른 민족들을 심하게 차별하곤 했습니다.

그런 가운데 고선지가 태어났던 것입니다.

"아버지!"

어느 날, 어린 고선지가 대문 밖에서 들어오며 아버지 고사계를 불렀습니다. 그날은 고선지가 친구들과 몹시 다툰 날입니다. 친구들이 자기를 "고구려 놈!"이라고 놀려 대었기 때문입니다.

"아냐, 내가 왜 고구려 놈이야? 나는 중국 사람이야!"

고선지는 화를 내며 대들었습니다.

"아냐, 너는 고구려 놈이야. 우리 아빠한테 들었어."

"이게!"

고선지는 얼굴이 빨개졌습니다. 얼마나 화가 나고 약이 올랐던지 눈물을 다 글썽거릴 지경이었습니다.

"용용 죽겠지. 이 고구려 놈아!"

아이들이 달아나며 고선지를 놀려 대었습니다. 고선지는 땅바닥에서 돌을 집어 들어 그들을 향해 힘껏 던졌습니다. 그러고는 집으로 달려와 아버지를 불렀던 것입니다.

"왜 그러느냐?"

아버지 고사계는 인자한 눈빛으로 아들을 바라보며 말했습니다.

"아버지, 우리는 어디서 온 누구입니까?"

고선지는 여전히 화가 풀리지 않아서 대들듯이 말했습니다.

"너, 또 친구들하고 다툰 모양이구나."

고사계는 쓸쓸한 미소를 지으며 말했습니다. 그리고 잠시 눈을 감고 생각하는 눈치더니 고선지를 불렀습니다.

"거기 앉아라. 그리고 아버지의 말을 잘 들어라."

고선지는 아버지 앞에 무릎을 꿇고 앉았습니다.

"그렇다. 우리는 고구려인의 후예다."

고선지가 앉자, 아버지 고사계는 엄숙한 표정으로 말했습니다. 고선지는 가슴이 철렁 내려앉는 기분이었습니다.

"너는 고구려가 얼마나 자랑스러운 나라인지를 모를 것이다. 우리나라는 이곳에서 동쪽으로 수천 리 떨어진 바닷가 반도의 북쪽에 있었지. 그 반도에는 우리나라뿐만 아니라 신라와 백제도 있었어. 다 같은 단군 할아버지의 자손들이 세운 나라들이야. 삼국은 서로 나뉘어 세력을 다투었는데 우리 고구려가 그중에서도 가장 힘이 세었어. 지금 이곳 중국 당나라의 태종 임금도 우리 고구려를 정복하러 왔다가 오히려 눈에 화살을 맞고 대패하여 도망쳤을 정도니까. 그뿐만이 아니었어. 수나라 때도 황제가 백만 대군을 이끌고 고구려를 치러 갔지만 그곳의 을지문덕 장군에게 패해 달아났단다."

아버지 고사계의 얼굴에 자랑스러운 빛이 감돌았습니다.

"광개토 대왕 때는 얼마나 힘이 강했던지 중국 북쪽을 휩쓸었을 정도였어. 다들 '호패왕' 광개토 대왕의 이름만 들어도 벌벌 기었었지."

그리고 나서 한참 동안 고사계는 무언가 생각에 잠긴 듯이 멀리 마당을 내려다보았습니다. 마당에서는 닭들이 한가롭게 모이를 쪼고 있었습니다.

"그러나 그렇게 힘센 고구려도 한때의 실수로 그만 나라를 잃고 말았단다. 신라와 당나라의 연합군에……."

고사계의 눈에 눈물이 맺혔습니다. 고선지의 가슴도 막혔습니다. 그렇게 두 사람은 한동안 말없이 앉아 있었습니다.

이윽고 고사계가 천천히 말했습니다.

"알겠니? 우리는 자랑스러운 고구려의 후예야. 우리의 피 속에는 을지문덕, 연개소문 그리고 광개토 대왕의 피가 흐르고 있다는 것을 잊어서는 안 돼. 고구려의 혼을 잊지 마라. 알겠니?"

고선지는 입술을 꼭 깨물고 고개를 끄덕였습니다.

그날 이후, 고선지는 아이들이 '고구려 놈'이라고 놀려도 더 이상 화를 내지 않았습니다. 그럴 뿐만 아니라 더욱 열심히 공부를 하고 말 타기와 활 쏘기에 힘썼습니다. 고선지는 자신의 피 속에 흐르는 씩씩한 고구려의 기상을 느꼈습니다.

그리고 시간이 나면 마을 뒤 언덕에 올라 멀리 동쪽 하늘을 바라보며 상상의 날개를 폈습니다. 백두산이 있고 두만강, 압록강이 흐른다는 아름다운 고구려의 땅을 말입니다. 그러나 하늘에는 흰 구름만 둥실둥실 떠갈 뿐이었습니다.

고선지는 아버지의 바람대로 씩씩한 젊은이로 자라났습니다. 안서도호부에 사는 사람치고 고선지를 모르는 사람은 아무도 없었습니다. 더 이상 그를 '고구려 놈'이라고 놀리는 사람도 없었습니다. 그는 언제나 흰말을 타고 흰옷을 입고 긴 칼을 등에 차고 다녔습니다. 그리고 모자에는 꿩의 깃털을 달고 다녔습니다. 그것은 고구려 무사들의 전통이었습니다.

고선지는 어느 정도 자라자 아버지 고사계를 따라 전쟁터에 나갔습니다. 그리고 곧 유격대장이 되었습니다. 군대의 맨 앞에 서서 적진을 향해 돌격하는 중요한 역할이었습니다.

고선지의 이름은 이제 안시 성 사람뿐만 아니라 멀리 시안과 적진에도 널리 알려지게 되었습니다. '모자에 꿩 깃털을 단 고구려 출신의 젊은 장수 고선지.' 그 이름은 사막의 여러 나라와 그 너머에 있는 나라들에도 널리 퍼졌습니다.

중국의 황제는 군사 이천을 이끌고 톈산 산맥 서쪽의 달해부를 정벌한 공으로 마침내 고선지에게 장군의 벼슬을 주었습니다. 그러나 고선지 장군은 몸은 비록 중국 당나라를 위해 싸우고 있더라도 멀고 먼 동쪽의 고향을 잊을 수가 없었습니다. 찬란한 태양이 떠오르는 것을 보고 있노라면 그 길로 한없이 걸어가고 싶은 생각마저 들었습니다.

"고구려의 혼을 잊지 마라. 알겠니?"

아버지 고사계의 음성이 언제나 가슴속에 떠돌고 있는 듯했습니다.

지금 박 기자와 내가 서 있는 곳이 바로 그 고선지 장군이 태어나고 자랐던 안시 쿠처라는 곳입니다. 가슴이 터질 듯 벅차 올랐습니다. 그래서 그런지 길가에 서 있는 나무나 집 사이로 지나가는 개울물도 다르게 보였습니다. 그러나 지금의 쿠처는 옛날의 영화를 다 누리지 못하고 낡고 쇠락해 보였습니다.

"자, 거기에 서 보세요."

박 기자가 카메라로 사진을 찍는 시늉을 했습니다.

나는 활짝 웃으며 포즈를 잡아 보았습니다.

그때 중국인 버스 운전 기사가 큰 소리로 우리를 부르는 소리가 들렸습니다. 버스 떠날 시간이 다 되었다는 뜻일 것입니다. 수염을 아무렇게나 기른 운전사는 우리가 가까이 갔을 때까지도 뭐라고 혼자 중얼거리고 있었습니다. 우리가 그 옛날 이곳을 호령하던 고선지 장군의 후예인 것을 그가 알 리가 없었습니다.
  우리가 오르자 버스는 곧 출발했습니다. 쿠처를 벗어난 버스는 다시 열풍이 부는 사막 속으로 들어갔습니다.

11. 마침내 도착한 파미르 고원

드디어 우리는 이 여행의 마지막 목적지인 카슈가르를 향하는 기차를 탔습니다. 카슈가르는 파미르 고원을 넘어가는 길목에 있는 도시입니다. 오른쪽으로 만년설을 머리에 인 톈산 산맥이 줄기차게 따라왔습니다. 예전에는 병사들이 말을 타고 갔을 그 길을 지금 우리는 기차를 타고 갑니다.

파미르 고원은 이 톈산 산맥과 카라코람, 힌두쿠시 산맥이 만나는 지대에 있습니다. 사람들은 일찍부터 이 파미르 고원을 세계의 지붕이라고 불렀습니다. 혹은 지구의 배꼽이라고도 했지요. 파미르 고원에는 지구 상에서 가장 높은 산들이 줄을 지어 서 있습니다. 구름도 넘을 수 없는 높은 산들이지요.

고선지 장군은 그 파미르 고원을 넘어 토번 제국이라 불리던 티베트로 정벌을 나섰던 것입니다. 기차는 톈산의 남쪽 기슭을 따라 서쪽으로 서쪽으로 달려갔습니다. 예전에는 이 길을 톈산의 남쪽에 있는 길이라 하여 '톈산남로'라고 불렀습니다. 고원에 가까이 갈수록 날씨가 점점 서늘해지는 듯한 느낌이 들었습니다.

일곱 시간이 넘는 여행 끝에 우리는 마침내 이번 여행의 종착역인 카슈가르에 도착했습니다.

"와아, 사방이 온통 설산이군요!"

박동출 기자가 카메라를 꺼내며 감탄사를 터뜨렸습니다.

"엄청난 산맥들이죠?"

나 역시 뭔지 모르게 엄숙한 생각이 들어 말했습니다.

"여기서부터 파미르 고원을 넘어가는 길이 시작된다고 해도 과언이 아닙니다. 고선지 장군이 넘었던 길도 바로 이 길이었어요."

"저 산을 넘어가면 어디가 나오나요?"

박 기자가 궁금한 표정으로 물었습니다.

"그러니까…… 저 산을 넘어 계속 서쪽으로 가면 이란과 이라크가 있는 아랍 쪽으로 가게 됩니다. 남쪽으로 가면 아프가니스탄과 인도로 가게 되고……."

"그야말로 동서가 만나는 길목 같은 곳이군요. 그런데 그 옛날, 어떻게 저 산을 넘어갔을까요?"

박 기자는 거대한 얼음벽처럼 하늘까지 막고 서 있는 파미르 고원을 바라보며 믿어지지 않는다는 표정으로 말했습니다.

"사실 나도 잘 믿어지질 않습니다. 그러나 중국의 역사책에 분명히 나와 있는 사실이니 믿지 않을 수가 없겠죠. 그래서 영국의 실크로드 탐험가인 스타인은 '고선지 장군이야말로 일찍이 유럽이 낳은 어느 유능한 사령관보다도 탁월한 전략과 통솔력을 가진 장군이었다. 그의 파미르 원정은 나폴레옹이 알프스 산맥을 넘었던 것보다도 더 위대한 것이었다.'고 격찬을 아끼지 않았지요."

역을 나와 거리를 걸어가며 내가 설명해 주었습니다.

거리에는 나귀가 끄는 수레가 눈에 많이 띄었습니다. 그리고 눈이 회색이고 코가 뾰족한 사람, 눈빛이 푸른 사람 등도 눈에 자주 띄었습니다. 동서 문화가 만나는 길목이니만큼 인종도 동서가 많이 섞여 있는 듯했습니다. 그리고 시내 복판에는 이곳의 최대 명물인 '에이데가르'라는 이슬람교 사원이 높다랗게 자리 잡고 있었습니다. 이곳 사람들도 대부분이 이슬람교도입니다.

설산들에 둘러싸인 카슈가르 거리를 걸으며 나는 이천 년 전 이곳을 지나갔던 고선지 장군을 떠올렸습니다. 낯선 이방인들 사이로 위풍도 당당하게 말을 타고 지나가는 그의 모습이 눈에 선하게 보였습니다.

"장군님! 저 파미르 고원을 넘어가는 것은 도저히 불가능한 일입니다."

부하 장수 하나가 질린 듯한 표정으로 고개를 가로저으며 말했습니다.

그러나 고선지 장군은 입을 꼭 다물고 하늘을 찌를 듯 칼날처럼 서 있는 설산을 묵묵히 바라보고만 있었습니다.

"길은 좁고 계곡은 천 길이나 된다고 합니다. 가축이 계곡으로 굴러 떨어지면 채 계곡의 반에 이르기도 전에 산산이 부서지고 사람이 떨어져도 구할 수가 없다고 합니다. 그런 데다 눈사태가 나서 덮치기도 하고 집채만 한 바위가 굴러 떨어지기도 한답니다. 하물며 이렇게 많은 군대가 넘어가려고 하면 양식을 실은 나귀와 무기를 실은 말을 끌고 가야 하는데 그것은 도저히 불가능한 일입니다."

"시끄럽소!"

부하 장수의 말을 묵묵히 듣고 있던 고선지 장군이 이윽고 위엄 있는 목소리로 말했습니다.

"이 세상에는 불가능이란 없소. 용기와 인내 그리고 지혜만 있다면 말이오."

고선지 장군은 채찍을 높이 들고 파미르의 눈 덮인 산을 가리키며 말했습니다.

"우리가 저 산을 넘어가면 우리는 반드시 승리할 것이고, 우리가 여기서 적을 기다리고 있으면 우리는 반드시 패배하게 될 것이오."

그러고는 부하들에게 큰 소리로 명령을 내렸습니다.

"모두 잘 들어라! 지금부터 우리는 그 누구도 넘어가 보지 못했던, 하늘 아래에서 가장 높은 산을 넘어가게 될 것이다! 그리고 우리는 반드시 승리하게 될 것이다!"

고선지 장군의 말에 병사들은 용기를 얻었습니다.

고선지 장군은 이어서 말을 계속했습니다.

"모두 튼튼한 밧줄을 준비해라! 그리고 자신의 몸과 수레와 말, 나귀를 묶어라!"

그것은 물론 굴러 떨어질 경우에 안전하게 하기 위한 꾀였습니다.

그리하여 고선지 장군의 군대는 일찍이 누구도 상상하지 못했던 파미르 원정길에 올랐습니다. 병사들은 기병과 보병을 합쳐 만 명 가까이 되었습니다.

당시 토번은 강대한 세력으로 파미르 일대를 장악하고 서역을 향해 북진하고 있던 중이라 당나라로서는 실크로드의 교역로를 확보하기 위해서도 반드시 토번을 굴복시키지 않을 수가 없었습니다. 게다가 토번과 사라센의 중간에 자리 잡고 있는 '소발률국'은 처음에는 당에 조공을 바치는 척하다가 나중엔 토번의 사위국이 되어 당에 대해 노골적으로 적대 정책을 펴고 있었습니다. 그러니까 당으로서는

소발률국을 정벌하지 않고서는 서역의 진정한 주인이 될 수가 없었던 것이었어요.
　그러나 소발률국은 비록 작은 나라이긴 했지만 험난한 파미르 고원과 힌두쿠시 산맥의 남쪽에 자리 잡고 있어, 지형적으로 난공불락의 왕국이나 다름이 없었습니다. 그래서 고선지 장군에 앞서서 당나라의 군대가 세 번이나 정벌에 나섰지만 번번이 실패를 하고 말았던 것입니다.
　이제 고선지 장군이 네 번째로 그 원정길에 나선 것입니다.

카슈가르를 떠난 고선지의 부대는 칼로 깎아 놓은 듯한 얼음산을 향해 가이즈 강이 흐르는 계곡을 따라 올라갔습니다. 가이즈 강의 상류 쪽에 있는 골짜기 물은 차가웠고, 물살은 세차게 흘러내렸습니다. 〈서유기〉에 나오는 현장 법사도 이 산을 넘어 인도로 갔고, 우리나라 신라의 혜초 스님도 이 산을 넘어 인도로 간, 바로 그 길이었습니다.

고선지 장군은 행군의 맨 앞에서 흰말을 타고 갔습니다. 그의 모자에 꽂힌 꿩 깃털이 차가운 파미르 고원의 바람을 맞아 펄럭거렸습니다.

발 아래에는 두께가 수천 길이나 되는 눈과 얼음 외에는 아무것도 없었습니다. 게다가 눈보라와 강풍이 눈앞을 절벽처럼 가로막았습니다. 그러나 고선지 장군은 입을 굳게 다물고 앞으로 앞으로 진군했습니다. 멀리 계곡 아래로는 인더스 강의 격류가 소용돌이치며 흐르는 것이 보였습니다.

파미르 고원을 넘은 고선지 장군의 부대는 십만의 군대가 주둔하고 있던 소발률국의 입구 요새인 연운보를 향해 일제히 진군하였습니다. 가볍게 연운보를 차지한 고선지 장군과 병사들은 그 승리의 기세를 몰아 4,694미터의 탄구령을 넘어 드디어 소발률국에 도착하였습니다. 설마하며 안심하고 있던 소발률국으로서는 정말 청천벽력과도 같은 일이었지요. 서기 747년의 일이었습니다.

　마침내 소발률국의 항복을 받아 낸 고선지 장군은 그 지역 일대뿐만 아니라 서역과 실크로드가 완전히 당나라의 영향 아래에 있게 만들었던 것입니다.

　고선지 장군의 파미르 원정을 생각하며 나와 박동출 기자는 카슈가르 시외 쪽 길을 따라 걸어갔습니다. 곧 인적은 끊어지고 나무와 풀 한 포기 없는 회갈색의 풍경만이 눈에 들어왔습니다. 길은 바위 사이로 구불구불 사라지고 있었습니다. 그 대신 하늘벽 같은 흰 산이 이제는 더 이상 가까이 오지 말라는 듯이 서 있었습니다.

　저 산 너머에도 누군가가 살고 있을 것입니다. 아니, 저 높은 산 속에도 누군가가 살고 있을 것입니다. 박동출 기자는 열심히 그 큰 산을 담아 내느라 바빴습니다.

　나는 그때 문득 그 옛날 팔자 수염을 하고 있던 아버지의 목소리가 떠올랐습니다.

　"용기를 가지면 무엇이든 할 수 있단다. 알겠니?"

　아마 고선지 장군의 아버지 고사계도 그의 아들에게 그렇게 말해 주었을지도 모릅니다. 나는 바위에 앉아 회갈색 언덕 너머로 길을 따라 사라지는 당나라의 병사들과, 병사들 속에 섞여 흰말을 타고 지나가는 고선지 장군의 모습을 그려 보고 있었습니다.

  그의 모습이 점점 사라지고 있었습니다.

  '고선지 장군님……. 이제 우리도 이별을 해야 할 시간이 다 되었군요.'

  나는 속으로 중얼거렸습니다.

12. 사막의 별이 된 고구려의 혼

동서 문명의 대충돌 탈라스 전투

　파미르 원정의 성공으로 이 서역 일대는 물론이고 서방 세계에까지 널리 이름을 떨쳤던 고선지 장군은 옛 상관이었던 부몽영찰로부터 뜻하지 않는 모함을 당했습니다. 그는 개선 장군인 고선지를 향해,
　"개의 창자를 씹어 먹을 고구려 노예 놈!"
　"개똥을 핥아 먹을 고구려 놈!"
하면서 차마 입에도 담지 못할 욕을 내뱉었습니다. 그는 자기보다 더 뛰어난 고선지를 어떻게 하든 모함에 빠뜨려 죽여야겠다고 생각하고 있었던 것입니다. 그러나 당의 현종은 그때까지만 해도 아직 양귀비에 빠지지 않은 현명한 황제였습니다. 현종은 고선지 장군의 위대한 원정과 그 결과를 누구보다도 잘 알고 있었습니다. 현종은 즉각

고선지 장군을 '안서사진절도사'에 임명하였습니다. 말하자면 안서도호부의 책임자로 임명하였던 것이었지요.

안서도호부란 앞에서도 말했지만 동쪽으로는 언기, 서쪽으로는 소륵, 남쪽으로는 토번, 북쪽으로는 돌궐을 감시하고 감독하는 서역 최고의 군사 중심지를 말합니다. 그러니까 고선지 장군은 바야흐로 중앙아시아와 파미르, 그리고 광활한 실크로드의 주인이 되었던 것입니다. 실크로드는 고선지 장군의 등장으로 말미암아 최고의 전성기를 맞았습니다. 당나라 역시 비단을 중심으로 한 동서 무역이 활발해져 일찍이 경험하지 못했던 황금기를 누리게 되었고, 이와 더불어 당 현종과 양귀비의 사치도 절정을 맞이하게 되었어요.

그러나 고선지 장군의 부하 중에는 여전히 멸망한 고구려의 후손이자 포로의 자식인 고선지 장군에 대해 못마땅해하는 눈빛이 많았습니다. 고선지 장군은 때로는 그들을 다독거려 회유하기도 했고 때로는 엄한 벌로써 위계를 바로잡기도 했습니다. 그리하여 고선지 장군은 명실공히 드넓은 타클라마칸 사막을 호령하는 사자와 같은 존재가 되어 갔습니다.

하지만 그 즈음, 당의 서쪽에 있는 아랍에서는 일찍이 보지 못했던 강력한 이슬람 제국이 등장해 서서히 힘을 길러 가고 있었습니다. 750년에 등장한 압바스 왕조가 바로 그것입니다. 압바스 왕조는 수도를 지금의 시리아 다마스쿠스에서 이라크의 바그다드로 옮긴 후, 서쪽으로는 점점 쇠락해 가는 동로마 제국과 힘을 겨루는 한편 동쪽으로는 고선지 장군이 세력을 떨치고 있는 실크로드를 향해 압박을 가해 오고 있었습니다.

이제 두 제국의 군대가 충돌하는 것은 시간 문제였습니다.

이런 낌새를 눈치 챈 고선지 장군은 먼저 공격을 시작했습니다. 바로 사라센 제국의 코앞에 있는 석국(지금의 우즈베키스탄의 수도인 타슈켄트)을 향해 진격을 했던 것입니다. 석국은 쉽게 정복했고, 그 나라의 왕은 당의 수도인 장안으로 끌려가 목이 잘려 죽었습니다. 하지만 그것은 결과적으로 벌집을 건드린 것이나 다름이 없는 일이었어요. 석국 왕의 복수를 명분으로 사라센 제국이 대규모의 군대를 끌고 나타났기 때문입니다.

고선지 장군의 당나라 군대와 사라센 제국의 군대는 마침내 탈라스라는 작은 강이 흐르는 계곡에서 역사적인 대전투를 벌이게 되었습니다. 이것이 바로 그 유명한 '탈라스 전투'입니다. 세계 전쟁사에 길이 기록될 이 전쟁이야말로 장차 중앙아시아의 운명과 실크로드의 주인을 결정할 아주 중요한 전쟁이었지요.

전투는 5일간 밤낮으로 치열하게 벌어졌습니다.

고선지 장군의 당나라 군대가 처음에는 승기를 잡는 듯했지만, 얼마

지나지 않아 당나라 군대에 섞여 있는 케르룩이라는 부족이 반란을 일으키면서 전세는 급격히 역전되기 시작했습니다.

"후퇴하라! 후퇴하라!"

고선지 장군은 눈물을 머금고 후퇴 명령을 내렸습니다.

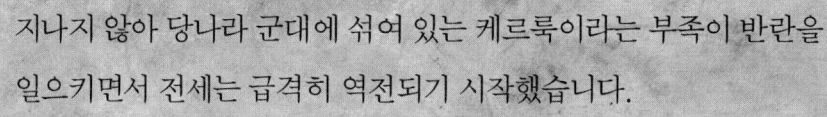

하지만 때는 늦었습니다. 승리의 여세를 몰아 물 밀듯이 밀려온 사라센의 기병대는 당나라의 군대를 사정없이 짓밟았습니다. 탈라스 계곡은 당나라 병사의 피로 넘치고 탈라스의 평원은 당나라 병사의 시체로 뒤덮였습니다. 일찍이 파미르 고원을 넘어 토번을 정벌했던 명장 고선지로서는 정말 뼈아픈 패배라 하지 않을 수 없었습니다.

지금도 타림 분지 서쪽의 중앙아시아가 이슬람의 영향권 안에 들어가 있는 것은 바로 이 탈라스 전투의 패배 때문입니다.

하지만 더 큰 시야로 보자면 이 탈라스 전투는 그야말로 동서 문명의 대충돌이라고 해도 과언이 아닐 것입니다. 비록 전투에서는 승자와 패자가 분명히 구분되어 나타났지만, 포로로 끌려간 사람들에 의해 서로의 문화와 문명이 뒤섞이는 현상이 나타난 것이었어요. 많은 당나라 포로들은 이슬람 지역으로 끌려가 그들의 우수한 문명을 전파했습니다.

그중의 하나가 바로 종이 만드는 법, 바로 제지술이었어요.

당시에 이슬람이나 유럽에서는 아직 종이 만드는 법을 모르고 있었습니다. 지식을 전파하는 데 책이 얼마나 중요한가를 여러분도 잘 알고 있을 거예요. 책을 만들기 위해서는 또 종이가 얼마나 중요한 것인가를……

794년에 바그다드에 제지 공장이 들어섰고, 곧 그 기술은 유럽에도 전해졌습니다. 그야말로 혁명적인 일이었습니다.

고선지 장군은 비록 이 탈라스 전투에서는 졌습니다만, 역설적이게도 우수한 중국의 문화를 서방에 전해 주는 메신저 역할을 한 것이었습니다. 그래서 어떤 학자는 고선지 장군을 '유럽 문명의 아버지'라고 부르는 데 주저하지 않는지도 모릅니다.

마침내 별이 되다

탈라스 전투에서 패배한 고선지 장군은 다시 당나라의 수도인 장안으로 돌아와 실의의 나날을 보내고 있었습니다. 비록 케르룩 부족의 반란 때문에 빚어진 단 한 번의 실수였다고는 하지만 그 광활한 실크로드의 주도권을 사라센에 빼앗겨 버린 것은 정말 가슴 아픈 일이 아닐 수 없었습니다. 그 넓고 넓은 사막에서 잔뼈가 굵은 고선지 장군은 자나깨나 흰 천리마를 타고 서역의 별빛 아래로 달려가는 꿈을 꾸었습니다. 그리고 언젠가는 그런 날이 다시 한 번 찾아오기를 손꼽아 기다렸습니다.

그러나 그때 당나라 조정은 양귀비와 양귀비에 빠진 현종의 방탕으로 나라가 몹시 어지러웠습니다. 도처에 간신배들이 들끓고

도적들이 난을 일으켰습니다.

　그중에서도 안록산이라는 변방의 절도사로 있던 장군이 일으킨 반란이 가장 컸습니다. 역사책에도 기록되어 있는 그 유명한 '안록산의 난'이 바로 그것입니다. 안록산은 양귀비의 오빠 양국충을 몰아낸다는 명분을 걸고 난을 일으켜 순식간에 현종이 있는 당나라의 수도 장안까지 휩쓸어 버릴 기세였어요.

　당황한 현종은 안록산과 대적할 만한 장수를 찾았습니다. 그때 누군가 고선지의 이야기를 꺼냈습니다. 현종은 탁자를 치며 일어났습니다.

　"그렇다! 내가 왜 진작 고선지 장군을 떠올리지 못했던고……. 당장 그를 불러오시오!"

　고향에 있던 고선지는 현종의 부름을 받고 급히 장안으로 달려왔습니다. 현종은 고선지에게 토벌군의 부사령관이라는 높은 벼슬을 주어 안록산을 막게 했습니다.

　고선지 장군은 다시 그 유명한 천리마를 타고 머리에 고구려 무사의 상징인 꿩의 깃털이 달린 투구를 쓰고 전쟁터로 나아갔습니다.

　"고선지 장군이다!"

　"고선지 장군이다!"

　가는 곳마다 병사들이 고선지 장군을 환영하였습니다.

"아, 파미르 고원을 넘어 토번의 연합군을 무찔렀던 그 장수!"

백성들도 멀리서 고선지 장군을 바라보며 찬탄을 터뜨렸습니다. 고선지 장군은 용기 백배한 병사들을 이끌고 나가는 곳마다 승리에 승리를 거듭하였습니다. 그 사이에 당 현종과 양귀비도 무사히 안전한 곳으로 대피할 수 있었습니다.

고선지 장군은 가는 곳마다 적을 무찔렀을 뿐만 아니라, 관청의 곡식 창고를 열어 그동안 굶주린 백성들에게 나누어 주었습니다.

"아아, 고마우신 고선지 장군님……!"

백성들은 눈물을 흘리며 고마워했습니다.

그런데 그의 막료 중에 변령성이란 자가 있었습니다. 그는 평소에도 고구려 출신인 고선지 장군의 공이 높아 가는 것을 못마땅하게 여기고 있었습니다. 그런 데다 고선지 장군이 백성들로부터 지극한 사랑을 받자, 불안해졌습니다.

그는 어떻게든 고선지 장군을 없애 버릴 계획을 짜기 시작했습니다. 그래서 은밀히 조정에 있는 간신배들과 짜고 현종에게 거짓 보고를 올렸습니다.

"폐하, 고선지 장군은 적과 싸울 생각은 하지 않고 도망만 다닙니다. 그런 데다 자기 멋대로 관청의 곡식 창고를 탈취하여 혼자 배불리 먹을 궁리만 합니다. 그러나 더욱 큰 문제는 백성들을 선동하여

반란을 일으킬 마음까지 먹고 있다는 것입니다. 안록산을 치라고
보냈는데, 오히려 고양이에게 생선을 지키라고 맡겨 놓은 꼴이
되었습니다. 하루빨리 고선지 장군의 목을 베소서……."

보고를 받은 현종은 반신반의했습니다.

현종은 젊었을 때는 현명한 황제였지만, 그때는 양귀비에게 빠져
판단력이 없어진 데다 나이도 들어 의심만 많았습니다.

그런 데다 조정에는 고선지 장군 같은 뛰어난 인물을 시기하는
간신배들이 우글거리고 있었습니다. 그들은 한결같이 고선지
장군에게 좋지 않은 이야기를 일러바쳤습니다.

"폐하! 고선지 장군은 원래 멸망한 고구려의 자손으로 호시탐탐
고구려의 부활을 꿈꾸며 반란을 도모하는 자입니다. 지금 그의 목을
베지 않으면 훗날 안록산보다 더 위험한 인물이 될 게 틀림
없습니다. 당장 목을 베소서!"

현종은 아까운 생각이 들었지만 마침내 고선지 장군의 목을 베라는
명령을 내렸습니다. 참으로 어처구니없는 명령이었습니다.

이른 아침, 아직 채 이슬도 다 걷히기 전, 백 명의 무사들에 둘러싸인
채 고선지 장군은 형장으로 끌려왔습니다. 그와 함께 그 험난한
파미르 고원을 넘었던 부하 병정들의 모습이 간간이 눈에 띄었습니다.

그들은 눈물을 감추느라 모두 고개를 숙이고 있었습니다.

고선지 장군은 꿩 깃털이 달린 모자를 벗어 땅에 놓고 동쪽을 향해 절을 두 번 올렸습니다. 동쪽은 멀고 먼 고향 고구려가 있는 곳입니다.

"알겠니? 우리는 자랑스러운 고구려의 후예들이야. 우리의 피 속에는 을지문덕과 연개소문, 그리고 광개토 대왕의 피가 흐르고 있다는 것을 잊어서는 안 돼. 고구려의 혼을 잊지 마라. 알겠니?"

언젠가 아버지 고사계가 일러 준 말이 귓가에서 맴돌았습니다.

"고구려의 혼……."

고선지는 나지막하게 중얼거렸습니다. 그리고 엄숙한 표정으로 일어나 사방에 서 있는 병사들을 향해 외쳤습니다.

"나 고선지는 지금까지 수많은 전투를 치렀다. 사막을 건너 파미르의 험난한 산도 넘었고, 용맹한 토번과 사라센의 병사들과도 싸웠다. 나는 죽음을 두려워하지 않는다. 죽음 따위로는 결코 나를 굴복시킬 수가 없다!"

고선지의 씩씩한 외침은 새벽 공기를 뒤흔들었습니다.

"다만 이렇게 모함을 받아 죽는 것이 억울할 뿐이다! 여러분은 나를 잘 알고 있을 것이다. 나에게 죄가 있다고 말하라. 그렇지 않다면 왕(枉)이라고 말하라!"

왕(枉)이란 중국말로 '억울하다' 혹은 '죄가 없다'는 뜻입니다.

그러자 병사들은 목이 터져라고 외쳤습니다.

"왕!"

"와앙!"

그 순간 변령성이 재빨리 고선지 장군의 목을 칼로 내리쳤습니다. 그때까지도 병사들은 눈물을 흘리며 "왕!" 하고 외치고 있었습니다. 이렇게 하여 고선지 장군은 최후를 마쳤습니다. 그 순간 그와 함께 고구려의 혼은 사막의 별이 되어 하늘 위로 밝게 떠올랐습니다.

13. 대륙으로 향한 꿈

'고선지 장군님……. 이제 우리도 이별을 해야 할 시간이 다 되었군요.'

나는 속으로 중얼거렸습니다.

그동안 우리는 그가 갔던 길을 따라 수천 리를 달려왔습니다. 불타는 사막과 호수, 눈 덮인 설산, 밤하늘의 별…….

이 모든 것이 지나고 보니 마치 꿈처럼 여겨졌습니다.

사막 위에는 누란과 같이 작은 나라들이 수없이 흩어져 있었지만 그 나라들은 이제 모두 역사 속으로 사라졌습니다. 시간은 모래 바람처럼 그들의 흔적을 지우며 흘러가고 있습니다. 그 모래를 하나씩 걷어 내어 보면 그곳에는 천년의 비밀을 지닌 전설들이 잠들어 있을지 모릅니다. 바로 고선지 장군의 이야기도 그런 전설 중의 하나일 것입니다.

그러나 그것은 단지 전설에 그치는 것이 아니라 살아 있는 우리의 숨결과 만나는 순간 역사가 되어 되살아나기도 합니다. 고선지 장군의 이야기는 곧 잃어버린 우리나라 고구려 역사의 한 부분이기도 하고, 살아 숨쉬는 우리 선인들의 모습이기도 합니다. 또한 이 비좁은 반도에서 살아가는 우리들에게 저 광활한 대륙의 꿈을 심어 주는 뜨거운 북소리이기도 하지요.

비행기를 타고 돌아오는 동안, 나는 저 아래에 펼쳐진 끝없는 사막과 산 그리고 대지를 내려다보며 다시 한 번 그 옛날 먼 이국의 사막에서 죽어 간 고선지 장군과 그의 가슴을 뛰게 만들었던 '고구려의 혼'에 대해 생각했습니다.

이제 이 '떠돌이별' 아저씨의 이야기를 마칠 시간이 다 되었네요. 지금 생각해 보면 용기가 없어 늘 아버지에게 걱정을 끼쳤던 내가 자라서 꿈에 그리던 사막과, 사막의 밤하늘에 떠 있는 그 수많은 등불 같은 별들을 보게 된 것은 참으로 행운이었다고 말할 수밖에 없을 거예요. 고선지 장군 같은 훌륭한 우리 조상의 발자취를 더듬어 볼 수 있었던 것도요.

꿈을 가지고 있다면 여러분에게도 미래의 언젠가 그 꿈이 문득 자기를 찾아오는 걸 경험하게 될 것입니다. 알에서 깨어 나오는 병아리처럼 알을 깨고 나오는 순간은 괴롭지만 알 바깥 세상에는 또 얼마나 많은 것들이 우리를 기다리고 있는지 모릅니다.
　저 하늘에 빛나는 별과 같이…….
　사막에서 힘겹게 핀 작은 꽃과 같이…….
　여러분도 자라서 혹시 저 타클라마칸 사막으로 여행을 떠날 기회가 생긴다면 아저씨처럼 밤하늘의 별들을 한 번 보시기 바랍니다.
　그때 여러분의 머리 위에서 밝게 빛나는 별들 중에 혹시 유난히 밝은 별 하나가 있으면, 그건 먼 사막의 땅에서 죽은 고구려의 후에 고선지 장군의 혼이 깃들어 있는 '고선지의 별'인 줄 아시기 바랍니다.

웅진 주니어

고구려의 혼 고선지

초판 1쇄 발행 2004년 5월 5일
초판 29쇄 발행 2020년 10월 1일
글쓴이 김영현 **그린이** 허태준
발행인 이재진 **도서개발실장** 조현경 **편집인** 이화정
책임편집 김공희 **디자인** 하늘·민 **교정** 박사례
마케팅 이현은, 정지운, 양윤석, 김미정 **제작** 신홍섭

펴낸곳 (주)웅진씽크빅
주소 경기도 파주시 회동길 20 (우)10881
주문전화 02) 3670-1191, 031)956-7325, 7065   **팩스** 031)949-0817   **내용문의** 031)956-7402
홈페이지 wjbooks.co.kr/WJBooks/Junior   **블로그** wj_junior.blog.me
페이스북 facebook.com/wjbook   **트위터** @wjbooks   **인스타그램** @woongjin_junior
출판신고 1980년 3월 29일 제406-2007-00046호   **제조국** 대한민국

글 ⓒ 김영현 2004 / 그림 ⓒ 웅진씽크빅 2004
ISBN 978-89-01-04585-6   978-89-01-03863-6(세트)
(저작권자와 맺은 특약에 따라 검인을 생략합니다.)

웅진주니어는 (주)웅진씽크빅의 유아 · 아동 · 청소년 도서 브랜드입니다.
이 책은 저작권법에 따라 보호받는 저작물이므로 무단전재와 무단복제를 금지하며,
이 책 내용의 전부 또는 일부를 이용하려면 반드시 저작권자와 (주)웅진씽크빅의 서면 동의를 받아야 합니다.

이 도서의 국립중앙도서관 출판예정도서목록(CIP)은 서지정보유통지원시스템(http://seoji.nl.go.kr)과 국가자료종합목록시스템(http://www.nl.go.kr/kolisnet)
에서 이용하실 수 있습니다. (CIP: 2004000873)

잘못 만들어진 책은 바꾸어 드립니다.
※주의 1_책 모서리가 날카로워 다칠 수 있으니 사람을 향해 던지거나 떨어뜨리지 마십시오. 2_보관 시 직사광선이나 습기 찬 곳은 피해 주십시오.
웅진주니어는 환경을 위해 콩기름 잉크를 사용합니다.